MW01281868

pastoral
para pastores

Nadie comprende mejor el llamado, el corazón y las necesidades
de un pastor que un "pastor de pastores" como H. B. London.
Este maravilloso libro es al mismo tiempo oportuno y revelador.
Todo pastor se beneficiará al leer *El pacto pastoral*.

DR. JIM DIXON
Pastor principal de la iglesia Cherry Hills Community Church
en Highland Ranch, Colorado

Decir que el ministerio pastoral es difícil sería quedarse cortos.
Este libro nos provee ayuda práctica y poderosa para seguir adelante.

DR. EDWARD G. DOBSON
Pastor principal de la iglesia Calvary Church en
Grand Rapids, Michigan

La clave para transformar nuestra nación son los pastores de las
iglesias. Este libro es un llamado a los pastores a un nuevo nivel
en la vida y en el ministerio; algo que cada pastor necesita escuchar.
El pacto pastoral es incitante y orientado a la acción.
¡Todo pastor necesita leer este libro!

DR. RONNIE W. FLOYD
Pastor principal de la iglesia First Baptist Church
en Springdale, Arkansas
Y pastor principal de la iglesia The Church at Pinnacle Hills en
Roger, Arkansas

H. B. London y Neil B. Wiseman se enfocan con la precisión de un rayo láser en tres cosas: las iglesias, los pastores que las dirigen y la cultura en la que el ministerio se desarrolla. Comprenden a la Iglesia con todos sus puntos fuertes y sus debilidades. Y nos comprenden a nosotros como pastores; incluyendo nuestras alegrías, nuestros deleites, nuestros fracasos y nuestras pasiones. Finalmente, ellos comprenden la cultura en su totalidad junto con sus disfunciones y resquebrajamientos y su capacidad de ser redimida. *¡El pacto pastoral* convence y está escrito de manera excepcional!

JIM GARLOW
Pastor principal de la iglesia Skyline Wesleyan Church en
San Diego, California

No existe nada tan dinámico como que los consiervos entren en un pacto a medida que procuran la obra del evangelio. ¡Este libro transformará el futuro de cada pastor!

JACK W. HAYFORD
Presidente de la Iglesia Cuadrangular Internacional
y presidente de la escuela The King's College and Seminary

Todo el tiempo, los pastores reciben una gran variedad de anuncios sobre cómo ser más eficaces en su ministerio: congresos sobre liderazgo y las maneras creativas de pastorear más recientes; libros sobre 'visión' y cómo realizarla. ¡Todo ello buen material! ¡No obstante, qué refrescante es recibir este libro práctico y esquemático de London y Wiseman! Al enfocarse en cinco aspectos vitales de la vida de cada pastor, los autores ofrecen un cimiento básico y esencial sobre cómo *ser* un ministro auténtico, y no solo cómo *llevar a cabo* el ministerio. Job 4:4 dice: "Al que tropezaba enderezaban tus palabras". Así también *El pacto pastoral*. Ni siquiera pienses en avanzar a los siguientes componentes importantes del ministerio hasta que no hayas asimilado este mensaje.

DR. PAUL S. HONTZ
Central Wesleyan Church en
Holland, Michigan

Periódicamente surge un libro que captura el corazón del pastor, especialmente si en la profundidad de los resquicios de su corazón, ese pastor desea cumplir con su deber. El tema de este libro lo convierte en lectura absolutamente indispensable para todo pastor. Recomiendo que lo leas, si es que en realidad deseas terminar bien.

DR. JOHNNY M. HUNT
Pastor principal de la iglesia First Baptist Church en
Woodstock, Georgia

El pacto pastoral debería de ser lectura obligatoria para cada pastor que se ha consagrado de por vida a procurar la fidelidad y a dar fruto. ¡Te recomiendo este libro de todo corazón!

REV. WALT KALLESTAD
Pastor principal de la iglesia Community Church of Joy en Phoenix, Arizona

El Dr. H. B. London tiene un corazón de pastor, y esa es la razón más importante por la que escuchamos cuando nos habla. Él ha estado allí, lo ha hecho, sabe lo que se siente y conoce los altibajos del ministerio. Cuando he enfrentado necesidades sumamente personales he buscado su ayuda y me he beneficiado de su sabiduría. *El pacto pastoral* nos pone frente a frente con las realidades del ministerio hoy en día. Nadie que yo conozca habla mejor de esos asuntos que H. B. London.

REV. DR. DANIEL MERCADO
Pastor principal y fundador de la iglesia Gateway Cathedral en Staten Island, Nueva York

H. B. London y Neil B. Wiseman conocen el corazón y el alma del ministerio. Pueden identificar con precisión letal los problemas y obstáculos que todo pastor enfrenta. Ofrecen pasos sencillos y prácticos que cualquiera puede seguir para mejorar su relación personal con Dios, con su familia y con su iglesia.

BOB RUSSELL
Ministro principal de la iglesia Southeast Christian Church en
Louisville, Kentucky

No creo que haya existido una época en la que los pastores estén más presionado que en la actualidad. En una cultura que es cada vez más indiferente, si no es que completamente hostil, al evangelio, los pastores enfrentan desafíos enormes que a menudo minan su fuerza, debilitan su confianza y amenazan su capacidad para ministrar con eficacia. Sobrevivir es un asunto crítico para cada pastor, así como mantener relaciones saludables y una actitud positiva hacia los demás, especialmente hacia aquellos a quienes ha sido llamado a ministrar. *El pacto pastoral* ofrece dirección útil a los ministros del evangelio de hoy. Todo pastor necesita leer este libro y aplicarlo a su propia vida. Eso puede ayudar, ¡y Dios sabe que necesitamos toda la ayuda que podamos obtener!

JOHN H. STEVENS
Pastor de la iglesia First Presbyterian Church en
Colorado Springs, Colorado

El pacto pastoral

H. B. London, Jr.
Neil B. Wiseman

CASA
CREACIÓN

El pacto pastoral
por H. B. London y Neil B. Wiseman
Publicado por Casa Creación
Una compañía de Charisma Media
600 Rinehart Road
Lake Mary, Florida, 32746
www.casacreacion.com

No se autoriza la reproducción de este libro ni de partes del mismo en forma alguna, ni tampoco que sea archivado en un sistema o transmitido de manera alguna ni por ningún medio –electrónico, mecánico, fotocopia, grabación u otro– sin permiso previo escrito de la casa editora, con excepción de lo previsto por las leyes de derechos de autor en los Estados Unidos de América.

A menos que se indique lo contrario, todos los textos bíblicos han sido tomados de la versión Reina-Valera, de la *Santa Biblia*, revisión 1960. Usado con permiso.

Copyright © 2006 por Casa Creación
Todos los derechos reservados

© **Copyright 2005 by H. B. London, Jr. and Neil B. Wiseman**
Originally published in the USA by Regal Books,
A Division of Gospel Light Publications, Inc.
Ventura, CA 93006 U.S.A.
All rights reserved

Traducido por: Pica y 6 puntos
con la colaboración de Salvador Eguiarte D.G.
Diseño interior por: *Grupo Nivel Uno, Inc.*

Library of Congress Control Number: 2006932676

ISBN: 978-1-59185-941-3

Impreso en los Estados Unidos de América

13 14 15 16 * 9 8 7 6 5 4

PARA BEVERLEY Y BONNIE,

QUIENES HAN COMPARTIDO Y CONFIRMADO

NUESTRA TRAVESÍA.

Agradecimientos

Cada nuevo libro se convierte en una obra de amor. *El pacto pastoral* no fue la excepción.

Nuestro agradecimiento para Kim Bangs, Deena Davis y toda la buena gente de Regal Books que sigue teniendo fe en nosotros;

A nuestro editor, Brad Lewis, que hace cantar a cada página;

A una pareja especial, Jim y Judy DeVries, quienes desde el principio apoyaron el sueño de H. B. por el pacto;

Y al dedicado personal del ministerio pastoral de Enfoque a la Familia: Gary, Roger, Dan, John, Alex, Ralph, George, Jan, Julie, Kathy, Eunice, Teresa y a la asistente de H. B. durante los últimos treinta y tres años: Sue McFadden;

Y sobre todo, a todos ustedes pastores, que han probado ser nuestra inspiración.

CONTENIDO

PARTE 1: GENUINA OBLIGACIÓN Y RESPONSABILIDAD

El ministerio sólo se trata de gracia

Y poderoso es Dios para hacer que abunde en vosotros toda gracia, a fin de que, teniendo siempre en todas las cosas todo lo suficiente, abundéis para toda buena obra.

—2 CORINTIOS 9:8

Este libro se trata acerca de la *gracia*. Su tema es la gracia; el latido de su corazón es la gracia.

Sería difícil estimar la cantidad de veces que he (H. B.) pronunciado estas palabras: "Si no fuera por su gracia". Él me ha bendecido, y probablemente a ti también, con lo que he aprendido a llamar su 'favor inmerecido'.

He leído muchas definiciones y explicaciones del término 'gracia', pero creo firmemente que la gente primero debe de experimentar la gracia si es que la va a comprender aunque sea remotamente. Es probable que hayas predicado acerca de la gracia de vez en cuando, pero ¿has considerado el papel de la gracia en tu vida y en tu ministerio?

La gente siempre trata de molestarme diciéndome: "H. B., eres un trofeo de la sublime gracia". Estoy de acuerdo. *Soy* un trofeo del amor y la misericordia de Dios; un poco maltratado, rayado y desgastado, pero aun así su trofeo. Ciertamente me puedo identificar con las palabras del antiguo himno clásico de John Newton: "¡Sublime gracia del Señor que a un infeliz salvó! [y protegió]" ["Sólo a Dios la gloria"*; Himnario Evangélico Presbiteriano*; Publicaciones El Faro; México; 2002].

Nunca olvidaré el momento en mi vida pastoral cuando me enteré de que un colega había fracasado moralmente. Me sacudió. Después del impacto inicial por sus acciones, las cuales tomé de manera personal, me enojé. Quería decírselo en la cara, dejárselo caer, darle una dosis saludable de mi juicio. Mientras estaba intentando ponerme en contacto con él, una voz en mi cabeza me susurró: "Ten cuidado, hijo; si no fuera por mi gracia tú estarías igual". De inmediato aborté mi misión condenatoria y comencé a hacer un examen de conciencia; y le di gracias al Señor por su recordatorio.

Cada uno de nosotros podría añadir un párrafo a este libro que diera testimonio de la gracia de Dios. Piénsalo. Tu conversión: ¡milagrosa! Tu incursión en el ministerio: ¡sorprendente! Dios ha utilizado tus miserables dones y talentos para representarlo en muchas maneras, y después de cada una de esas ocasiones podrías haber mirado atrás y haber dicho: "Si no fuera por su gracia".

Lo último que quiero parecer es negativo; especialmente cuando el tema es la gracia; pero es difícil creer que cualquiera de nosotros, sin importar lo talentosos o bendecidos que seamos, pudiéramos tener por un momento la audacia de enorgullecernos de nuestros logros. Aprendí de la manera difícil en mi propio andar a tomar en serio mi ministerio y mi trabajo, pero a no tomarme demasiado en serio. Recuerdo los primeros años de mi carrera pastoral cuando estaba teniendo cierto grado de éxito y caí en el hábito de leer lo que se decía de mí en la prensa. Cuando recuerdo esa época, puedo ver que este hábito no solo me aisló de mis amigos en el ministerio, sino que afectó mi cercanía con el Señor. En muchas maneras, parecía como si Dios me estuviera diciendo: "Si quieres ministrar tú solo, adelante, inténtalo".

Por supuesto, es posible tener cierta medida de ministerio significativo sin la gracia de Dios, pero siempre se sentirá un poco hueco. Siempre habrá un vacío que solo su gracia puede llenar. Ese vacío puede ser semejante a lograr algo brillante, como un hoyo en uno o una acrobacia espectacular en la bicicleta o en la tabla de surf, y no tener con quien compartirlo. Necesitamos que Alguien llene el vacío y que haga que nuestras vidas sean más confiables que prósperas.

Un peligro enorme ronda a la Iglesia en la actualidad. Se caracteriza por una mentalidad que se enfoca en la persona en lugar de en el Dios que nos llamó. Para los pastores, la popularidad, el prestigio y el poder causan tanta adicción como cualquier droga; y de la misma forma, debemos de evitar esta droga y el éxtasis que produce.

¿Cómo entonces mantenemos el equilibrio en nuestro llamado de tal forma que refleje adecuadamente nuestra contribución y la gracia de Dios al mismo tiempo? Bueno, de eso se trata este libro: equilibrio. El equilibrio personifica lo máximo en el ministerio. ¿Cómo mantenemos el equilibrio cuando el llamado a servir a la gente y el llamado a servir a Dios chocan? ¿Qué hacemos cuando las responsabilidades en la iglesia toman la preponderancia sobre aquellas con nuestra familia? ¿Cómo cambiamos de dirección cuando la obra de la iglesia se vuelve más atractiva que la intimidad con el Señor?

Cuando nos enfrentemos con decisiones que tengan consecuencias mayores, ¿qué camino tomaremos? ¿El más peligroso y transitorio? ¿O el camino que nos lleve al aplauso de nuestro Señor? Tantos colegas nuestros han perdido el regalo de la gracia llamado equilibrio porque su mentalidad y sus aptitudes cayeron víctimas del encanto del mundo.

Aun así, su gracia es suficiente (lee 2 Corintios 12:9). Dios mira nuestra arrogancia, y aun así nos ama como un padre ama a su hijo. El Señor ve nuestras faltas, pero nos considera santos. Él ve cuando lo hemos herido por nuestro egoísmo y nuestros caminos de soberbia, y, sin embargo, pacientemente espera el momento para rodearnos con sus brazos y decirnos: "Te amo, mi hijo, mi hija. Por favor, no destruyas tu eficacia".

Sobre todo, cuando pecamos, cuando nos quedamos cortos, cuando nuestros caminos no son sus caminos, cuando la rebelión nos domina, Él nos procura porque sabe que es cuando más lo necesitamos. ¡Eso es gracia! Él podría alejarse y no querer tener nada que ver con nosotros, pero no lo hace. Él podría poner su atención en un hijo más talentoso y hábil, pero no lo hace así. Podría sacarnos del primer equipo, pero no lo hace. Podría decir algo como: "¿Por qué se me ocurrió llamarte?", pero no lo hace. Incluso podría decir algo como: "¿Qué no sabes cuanto me heriste?", pero no.

Más bien, en su gracia nos hace sentir su presencia. Y como una brisa suave o un beso tierno o un amoroso brazo alrededor de nuestro cuello, Él se hace presente. Eso es gracia.

Estoy seguro que existen definiciones más académicas o teológicamente precisas para la gracia, pero yo solo conozco la forma en que la gracia se manifiesta en mi vida. Hago eco de la verdad expresada en el himno clásico de Julia Johnston: "¡Gracia, gracia, gracia de Dios, que es mayor que nuestro pecado!".[1]

H. B. London

La autenticidad
se nutre por
la gracia

Este libro está construido sobre tres palabras que exaltan a Cristo. Dos se encuentran en el título del libro "pastoral" y "pacto", y la tercera se encuentra en el esquema básico del contenido, la palabra "gracia".

Pastoral, pacto y gracia. Este trío de palabras formula preguntas que sondean hasta lo más profundo de nosotros y examinan nuestra alma. Penetran nuestro corazón y tratan con quienes somos y la manera en que Dios nos apartó para el ministerio.

Pastoral, pacto y gracia. Estas tres palabras, al ser aplicadas a la práctica del ministerio prueban nuestros motivos, desafían nuestro compromiso, energizan nuestra perseverancia y evalúan nuestra competencia.

Pastoral, pacto y gracia. Estas palabras juntas levantan una advertencia, cuestionan una tendencia y nos alientan a velar por nuestra alma.

La advertencia: Muchos pastores están cometiendo suicidio moral; destruyendo sus iglesias, sus familias, a otros y a sí mismos. Esta desgracia y esta hemorragia de talento tienen que detenerse.

La tendencia: Muchos pastores invierten demasiada energía en enfocarse en las generalidades y en las trivialidades, así como en tratar de mantener a la gente feliz, mientras que desatienden la destrucción que el pecado provoca en sus hogares, sus iglesias y sus comunidades.

Y el aliento a velar: Estas tres palabras: pastoral, pacto y gracia; instan a todo ministro del evangelio a convertirse en parte de un creciente movimiento de ministros que se comprometen con Dios, con su cónyuge, con su congregación y con sus colegas a mantener y a disfrutar una vida de santidad y rectitud.

La gracia: un regalo magnífico de Dios

Somos salvos por gracias. Guardados por gracia. Se nos da suficiente gracia para enfrentar con galante fortaleza cada exigencia, responsabilidad e imprevisto de nuestra vida. Detrás de todo ello está la extravagante iniciativa de Dios, expresada de la manera más obvia al enviar a su Hijo como el Dador de gracia.

La gracia aparece en casi cada página del Nuevo Testamento. El apóstol Pablo abre cada carta con una salutación de gracia y termina cada carta con una afirmación que menciona la palabra. Al escribirles a las iglesias, sin importar lo grande del problema, lo ferviente del ánimo o lo difícil de la teología, Pablo comenzó y terminó con gracia. No podía olvidar lo que la gracia hizo por él y lo que podía hacer por todos aquellos que la recibieran.

Como el apóstol Pablo, todo pastor (y todo creyente) fue atraído a Dios en primera instancia por la clara invitación de la gracia. Todo fuimos salvos por gracia y mantenemos una vida de santidad y rectitud por gracia. La gracia nutre nuestro ministerio para ser guiados, llenos de poder, protegidos y eficaces. La gracia ha estado allí desde el principio, y la gracia nos lleva a casa con Dios.

Como si irrumpiera en una fervorosa canción o en extasiante poesía, William Barclay, el erudito del Nuevo Testamento en otra época, escribió:

> La gracia es el poder de Dios que viste a una persona con fuerza y fortaleza día con día. La gracia es ese poder de Dios que adorna la vida de una persona de cosas preciosas. La gracia es la inspiración y la defensa diaria de una persona. La gracia no es solo la gloria de la cima: es la fuente de energía para el camino ordinario de lo cotidiano.[1]

Márcalo, predícalo claramente y regocíjate con todo tu ser al recordar que la gracia, esta generosidad inmerecida de Dios, es dada y nunca ganada. La gracia siempre es adecuada, inextinguible, ilimitada y abundante. La gracia es el símbolo taquigráfico de todo lo que Dios es y hace por nosotros.[2] Es el equivalente taquigráfico para toda la nobleza, la belleza y las oportunidades que trae a nuestro ministerio.

La gracia y el pacto forman una
conexión de amor

Un pacto es un voto, un compromiso, determinación por cumplir una promesa. Piensa en los votos matrimoniales, las responsabilidades de un ciudadano o el juramento de los líderes del gobierno para cumplir con la constitución. Piensa en los votos de ordenación para ser un ministro fiel.

A primera vista, los votos y los pactos suenan a esfuerzos y logros humanos y a buenas obras. ¿Eso significa que la gracia requiere cierto tipo de condición? ¿Cómo puede ser que la gracia sea gratis, y aun así el recipiente deba de comprometerse a una vida de santidad y rectitud? La respuesta a tal compromiso es nuestra respuesta a la gracia.

E. Stanley Jones, el misionero-evangelista metodista, explicó la conexión entre gracia y pacto de la siguiente manera:

> La gracia nos ata con cuerdas mucho más fuertes que las cuerdas del deber y la obligación. La gracia es gratis, pero una vez que uno la toma, queda atado para siempre al Dador y es apartado para recibir el Espíritu del Dador. La reproducción es según la especie. La gracia te convierte en un dador de gracia, el Dador quiere que des.[3]

Por generaciones, los creyentes han estado cantando acerca de esta conexión de la gracia cuando cantan el himno de Isaac Watts "Cuando miro la asombrosa cruz": "¡Amor tan asombroso, tan divino, que exige mi alma, mi vida, mi todo!".[4] La conexión entre el pacto y la gracia es una conexión de amor que comienza con gracia. Y nuestra respuesta es entregar nuestro amoroso servicio a Aquel que nos dio vida eterna.

"Pastoral" completa el trío

Finalmente, llegamos al pastoreo. La gracia nos atrae al ministerio y nos mantiene en él. Hacer un pacto es nuestra respuesta de amor a la gracia y al Dador de la gracia. El pastoreo es la forma en que mostramos nuestra respuesta a la gracia: es la acción del ministerio motivada por el amor de Dios que hemos recibido.

Por supuesto, los pastores no la tienen fácil hoy en día. Aun así, piensa en el privilegio: el pastoreo provee oportunidades para tratar con almas heridas por el pecado y luego desafiarlas con la gracia de Dios. Y nuevamente, la gracia es suficiente.

Pastor, haz el compromiso de ser nutrido por la gracia.

Un mensaje
a nuestros
lectores

Cuidar de los pastores, compartir con los pastores y desarrollar pastores abarca el corazón del compromiso de los autores de este libro. Casi cada página de este libro trata con alguna fase del pastoreo. Juntos hemos escrito once libros; todos ellos de apoyo y aliento para los pastores.

A medida que comience a leer, tome en cuenta que el mensaje de *El pacto pastoral* quizá penetre con mayor profundidad que algunos de nuestros demás libros. Sin que esto sea una disculpa, hemos tratado de dirigirlo directamente a tu corazón; como si fueras la única persona que va a leer este libro. No obstante, nunca intentamos sonar como si te estuviéramos predicando personalmente; con humildad reconocemos que somos simplemente colegas pastores, caminando por el mismo sendero que tú estás siguiendo.

Habiendo dicho lo cual, te animamos a que observes que la estructura del libro sigue un acróstico que está basado en la palabra "gracia" [GRACE, en inglés].

G   **G**enuina obligación y responsabilidad

R   **R**elaciones correctas

A   **A**mor de siervo-pastor

C   **C**onstante salvaguardas

E   **E**xperiencia íntima con Dios

Estas cinco frases conforman el esquema del libro. Cada una de las cinco partes del libro corresponde con una de estas frases. En cada parte, vas a encontrar una breve definición del aspecto de *El pacto pastoral* sobre el que se está haciendo énfasis en esa parte, una oración que te lleva al corazón del tema, una anécdota de un pastor cuya vida y ministerio ilustran la gracia de Dios a medida que libera ese aspecto del pacto y varios capítulos para explicar los "porqués" y los "cómos" prácticos para llevar a cabo ese compromiso en particular.

Nos gustaría añadir una nota especial acerca de las anécdotas pastorales que sirven de introducción en cada parte del libro y las breves citas que vas a encontrar al inicio de cada capítulo. Semejante a lo que solemos escribir, una buena parte de nuestro ministerio abarca estar al lado de los pastores: en Enfoque a la Familia, en nuestro trabajo, en reuniones de pastores, en conversaciones personales y por correspondencia. Mucho de lo que escuchamos de los pastores es personal, confidencial y privado. Así que a pesar de que cada anécdota y nota en este libro es verdadera, le hemos añadido un poco de color o hemos alterado los detalles para que nadie pueda saber de quién es la anécdota en particular. Esto nos permite presentar anécdotas del ministerio de la vida real sin señalar a nadie.

Además, si nos has escuchado hablar o has leído nuestros libros, algunos de los pasajes del libro te sonarán familiares. La razón es que hemos tratado de incluir verdades atemporales y la acumulación de lo mejor de nuestra perspectiva en el pacto descrito en este libro.

Esperamos haber elaborado un libro inspirador, práctico y fácil de leer. Nuevamente, nuestra meta es capacitarte para que comprendas y tomes este compromiso con Dios, con tu familia, con tu congregación y con tus colegas. No obstante, algunas veces, lo que llega más cerca del corazón no es lo más fácil de leer. Hemos hecho breves los capítulos del libro con toda intención. Si no puedes leer todo el libro o una de las cinco partes de una sentada, comprométete a leer un capítulo diario. Vas a terminar de leerlo en menos de un mes, y tu vida y tu ministerio serán nutridos y fortalecidos en el proceso.

H. B. y Neil

El pacto
pastoral

Nos une un llamado común de parte de Dios a alimentar a sus ovejas, pero también nos une un compromiso común a la pureza, la santidad, la rectitud y la fidelidad. Nuestra voluntad de someternos a *El pacto pastoral* va más allá de las diferencias teológicas, de nuestras circunstancias denominacionales y de las restricciones de la congregación local. Estamos unidos por nuestro llamado, por la mutua obligación de rendir cuentas y por el conocimiento de que un día el Gran Pastor será nuestro último Juez.

Además, creemos que cuando los ministros se enfoquen más en su misión que en su profesión, veremos un renovado interés en las iglesias a las que servimos y una aceptación genuina en aquellos a quienes buscamos influenciar. Es por medio de la gracia de Dios que es posible mantenerse fiel a este pacto.

Genuina obligación y responsabilidad

Relaciones correctas

Amor de siervo-pastor

Constante salvaguardas

Experiencia íntima con Dios

PARTE 1

Genuina obligación y
responsabilidad

Existe una gran diferencia entre ser cordiales
y ser colegas. Necesitamos colegas en nuestra vida
que nos haga preguntas difíciles y que nos permitan
hacer lo mismo con ellos.

Aconteció que cuando él hubo acabado de hablar con Saúl,
el alma de Jonatán quedó ligada con la de David,
y lo amó Jonatán como a sí mismo.
—1 SAMUEL 18:1

Padre Santo, dame la fe que hace que mis horizontes lleguen a la
eternidad y más allá. Ayúdame a vivir en contacto continuo
contigo; tan cerca que tus disciplinas y tus instrucciones hagan que
cualquier plan humano en el cual rinda cuentas parezca fácil.
Guárdame de las estupideces y de los pecados que marchitan el
alma, vulneran mi influencia y dañan los recuerdos para siempre.
Haz que me mantenga humilde, limpio y útil. Amén.

Mi amigo
del alma

A lo largo de los veinte años que he sido pastor, me he resistido a la idea de tener una relación con un compañero pastor quien me pida cuentas y yo tenga la obligación de rendírselas. Las iglesias en las que he servido se localizan en zonas rurales donde los pastores todavía tienen un lugar bastante prominente en la comunidad. Eso por sí solo me ha ayudado a mantener un estilo de vida respetable.

Las cosas cambiaron hace un par de años cuando nos mudamos a una zona suburbana cerca de una gran ciudad. Me encanta mi iglesia, tanto que espero permanecer allí hasta mi retiro. No es perfecta, pero es bastante buena. La iglesia está creciendo a medida que la zona alrededor de nuestras instalaciones comienza a llenarse de casas nuevas, centros comerciales y que muchas familias jóvenes están llegando a vivir.

Este cambio puso a mi familia en una gran ciudad por primera vez. Las tentaciones son distintas aquí; si quisiera podría conducir durante veinte o treinta minutos en cualquier dirección y hacer cualquier cosa que se me antojara sin ser reconocido. Me asustó que esos pensamientos siquiera hayan entrado a mi mente; tanto que me di cuenta de que necesitaba hacer algo al respecto.

Uno de los atractivos de mudarme a este lugar fue renovar mi amistad con un amigo del seminario. Tom vive a media hora de distancia, donde sirve a una iglesia en el centro de la ciudad. Durante nuestros días en el seminario, a menudo teníamos discusiones acaloradas sobre teología y la interpretación de las Escrituras. Aunque no siempre estábamos de acuerdo, nos volvimos buenos amigos. Para renovar nuestra amistad decidimos reunirnos cada quince días.

Nunca consideré realmente mi amistad con Tom como una relación en la cual estoy obligado a rendirle cuentas. Pero en los dos años que he estado en esta iglesia, nuestros tiempos juntos han salvado mi ministerio ya varias veces. Mientras que las personas de mi iglesia podrían ignorar algunas de mis faltas o ni siquiera darse cuenta de ellas, Tom me desafía justo donde lo necesito. Ciertamente no estoy en un pedestal en sus ojos.

En un par de ocasiones he querido cancelar mi cita con Tom. Recuerdo cierta ocasión cuando acababa de salir de una enfermedad, estaba cuidando de otros miembros de la familia que estaban enfermos y estaba tratando con un problema ético con uno de nuestros líderes laicos. Me sentía bastante agotado. Así que le escribí a Tom y le sugerí que necesitaba usar ese tiempo para ponerme al día con otras cosas. Pero de seguro él leyó algo entre líneas que le decía que yo necesitaba pasar ese tiempo con él. Tom no aceptó mi negativa. Con un poco de desgano, le confirmé el lugar y la hora donde planeábamos vernos.

Cuando nos reunimos, al parecer el Señor le dio a Tom las palabras correctas y las preguntas correctas para mí. De alguna forma, la conversación giró al tema de los peligros de seguir adelante en la vida sin llenarnos de Dios. Ninguno de los dos teníamos todas las respuestas, pero hablamos durante más de una hora acerca de la importancia de mantener un caminar espiritual fuerte incluso cuando la vida familiar y el ministerio al parecer consuman todo nuestro tiempo y nuestra energía.

Luego de un tiempo sumamente específico de oración acerca de lo que hablamos, ambos nos retiramos animados y mejor preparados para los ataques que provienen del enemigo en momentos de debilidad y desánimo.

Le doy gracias a Dios por darme un amigo del alma que me conoce tan bien, y que además conoce bien a nuestro Dios.

CAPÍTULO 1

Desarrolla
tu alma

Estoy descubriendo que cuando leo la Escritura y paso tiempo orando por las personas de mi iglesia, me siento más cerca de Dios. Es como un sistema de guía espiritual semejante a un radar. Me siento más consciente de lo que Dios quiere que se haga, el momento e incluso a veces el porqué.

—Matt, 35 años, Florida

La vida humana requiere oxígeno para subsistir.

Los coches necesitan combustible para moverse.

Y la intimidad con Cristo es el elemento esencial y el combustible necesario para un ministerio útil.

Si tu fe no se muestra a través de tu ministerio, eres simplemente un eco de lo que Dios quiere que seas. Tu relación personal con Dios afecta profundamente todo en el ministerio.

Como líder espiritual, si no eres semejante a Cristo, no puedes ser productivo. Jesús estaba absolutamente en lo correcto cuando advirtió: "Yo soy la vid, vosotros los pámpanos; el que permanece en mí, y yo en él, éste lleva mucho fruto; porque separados de mí nada podéis hacer" (Juan 15:5). Observa la promesa: lleva mucho fruto.

Estar cerca del fuego espiritual no va a hacer que tu ministerio sea vibrante. Ya que sin un contacto constante con Jesús pronto te vuelves hueco, tu visión se vuelve superficial, se diluye tu influencia y tu satisfacción casi desaparece. Llegas a ser una imitación patética de lo verdadero.

Para ser genuinamente productivo, todo tu ministerio debe de integrar piedad personal y competencia sufrida intencional. Una de las mejores maneras de procurar la santidad personal es encontrar a alguien al que puedas rendirle cuentas tanto en lo espiritual como en lo práctico. Pero antes de considerar buscar y encontrar a este amigo del alma, primero examinemos de qué necesitas rendir cuentas y por qué.

Poniéndote en forma

Es fácil estar fuera de forma espiritualmente. Una vez que has gastado tu energía en largas horas de predicación, enseñanza, consejería y otros tipos de servicios espirituales, tienes poca reserva disponible para mantener tu alma en forma.

Es un círculo vicioso. Cuando tratas de funcionar sin energía espiritual, te sientes agotado y estresado todo el tiempo. Te molestas por la inconsistencia entre lo que eres y lo que deberías de ser. Simplemente el impulso del ministerio te marea y comienzas a cansarte. Sin siquiera llegar a encenderte, te consumes. Y tu ministerio se convierte en una mera responsabilidad que cumplir o en un empleo frustrante que puede ser dejado a un lado cuando las cosas se tornan difíciles.

¿Te suena familiar? Cualquier tarea requiere demasiado esfuerzo. La fatiga acumulada corroe tu alma, sabotea tu ministerio y hace pedazos tu concepto de ti mismo. Tu ministerio parece estar muriendo lentamente, agonizando, para finalmente terminar enterrado bajo una lápida marcada con las palabras: "Morí antes de tiempo porque traté de hacerlo todo por mí mismo".

Ponerse en forma espiritualmente promete mucho más. Dios desea que cada aspecto de tu vida y ministerio este intrincadamente entretejido alrededor de Cristo. El ministerio vibrante depende de un pastor saludable espiritualmente.

Para comenzar, necesitas considerar tu salud espiritual como mucho más que la cubierta religiosa que exhibes en público. Más bien, debes de valorar tu propio desarrollo espiritual como un ingrediente esencial para vivir una vida satisfactoria.

Una vez que comiences a tener hambre y sed por más de Dios, puedes comenzar a buscar a alguien a quien puedas rendirle cuentas de esos aspectos. No tienes por qué conformarte con la superficialidad espiritual. Utiliza las siguientes materias primas para profundizar y fortalecer tu fe.

Descubre oportunidades espirituales presentes

En tu ministerio todos los días eres expuesto a oportunidades que pueden edificar tu fe. Enseñar y predicar te llevan a la Palabra de Dios. Este es el tanque de oxígeno para la salud espiritual. Oras en público y en privado; si buscas a Dios para obtener respuestas, a menudo verás resultados sobrenaturales. La consejería y el cuidado de las ovejas te ponen justo en medio de la acción espiritual, donde puedes ver vidas cambiadas, matrimonios sanados y espíritus reformados. El desafío es aprovechar estas oportunidades que están a la mano para atraer tu alma más cerca de Dios.

Sigue un régimen espiritual para ponerte en forma

Considera ponerte en forma espiritualmente en términos médicos: la licencia profesional, el conocimiento exhaustivo de los síntomas y de las enfermedades y treinta años de experiencia no mantienen a los médicos en buena forma personal. Quizá puedan practicar la medicina sin tener una buena salud ellos mismos. No obstante, para que los médicos estén sanos necesitan aplicarse las mismas reglas que les aplican a sus pacientes o terminarán tan enfermos como ellos.

Lo mismo es cierto en tu caso. Tu propio crecimiento espiritual es absolutamente esencial si quieres disfrutar un ministerio benéfico y satisfactorio. En resumen, para estar en forma espiritual, debes de aplicarte con toda seriedad los remedios y sugerencias que les prescribes a los demás.

Conserva la frescura

Tu salud espiritual requiere encuentros frescos con Dios en los ejercicios formadores de fe de la oración, la lectura de la Palabra, la adoración, el ayuno y la lectura devocional. Cuando dejas de lado estas disciplinas te defraudas a ti mismo y a tu congregación.

La frescura quizá sea más importante que la frecuencia. Necesitas alimentar tus prácticas devocionales con creatividad, imaginación, espontaneidad, deleite e incluso con fascinación. Esto significa que el bienestar espiritual requiere más que solo orar más fuerte o durante más tiempo. También va a requerir más que leer cincuenta versículos adicionales al día.

Cultiva una vida saturada de Dios

Un pastor que conocemos dice que tener una conexión cercana con Cristo es llevar "una vida saturada de Dios". Qué buena imagen verbal. Este aspecto de la formación espiritual significa reunirse a menudo con Dios. Si utilizáramos un lenguaje más informal: solo tienes que andar con Dios y pasar todo el tiempo con Él. Esta cercanía con Dios, semejante al enamoramiento, produce tener detalles el uno con el otro, unidad y calidez. Profundizar tu intimidad con Dios abrirá tus ojos a trofeos asombrosos de gracia y te va a dar plenitud a lo largo de tu vida ministerial.

Esta cercanía con Cristo produce más que una aventura privada. También permite que el poder divino fluya a través de ti en tu ministerio.

Cristo es la fuente del crecimiento espiritual de por vida

Tus esfuerzos por mantenerte en forma espiritual activan la promesa extrema de Cristo: "Bienaventurados los que tienen hambre y sed de justicia, porque ellos serán saciados" (Mateo 5:6). ¿De qué forma puedes conocer este sentir de plenitud?

La salud espiritual ilumina tu visión

Cuando estás fuera de forma espiritualmente el ministerio puede parecer borroso. ¿Qué es lo que Dios quiere de ti y de tu iglesia en este momento? Es probable que quiera algo distinto. Quizá a causa de tu dedicación a estar en forma espiritualmente, Dios tenga las intenciones de ayudar a tu iglesia a hacer más clara su visión. Por ejemplo, tus esfuerzos personales de oración quizá enciendan tu habilidad para compartir la visión que Dios te ha dado.

¿Qué te podría dar más satisfacción que tener la dirección de Dios para llevar a cabo su misión en tus circunstancias particulares? ¡Qué emocionante es acercarse tanto a Dios que puedas experimentar su promesa incondicional de que Él se acercará a ti!

La salud espiritual te lleva a senderos bien marcados

El crecimiento espiritual generalmente utiliza las disciplinas que hemos desarrollado en privado. Estas disciplinas te llevan por los senderos que los santos han transitado durante generaciones.

No obstante, Dios también quiere que descubras algo increíblemente nuevo. Aunque existen muchas señales familiares a lo largo del sendero de la rectitud, siguen surgiendo nuevas riquezas a medida que viajas por estos caminos conocidos. Dios sigue infundiendo nuevas verdades eternas con un nuevo cariz, con un color más brillante y con una textura más rica.

La salud espiritual restaura el equilibrio

Las expectativas confusas y las exigencias cambiantes de ser pastor pueden sacarte de equilibrio con facilidad. Todo pastor que suele reflexionar no se siente satisfecho por el uso de su tiempo y lo molesta el sentimiento de que el ministerio parece jamás terminar. ¡Y tú pensabas que eras el único que se sentía de esa manera!

¿Entonces de dónde proviene el equilibrio? El equilibrio se da cuando comienzas a ver que *ser* y *hacer* son dos dimensiones correlacionadas del ministerio. "Ser" se refiere a en quién te estás convirtiendo en tu relación personal con Cristo; es un asunto de carácter. "Hacer" se refiere a llevar a cabo las muchas actividades del ministerio. Una le reporta a la otra y ambas son vitales en tu ministerio. La tensión creativa presente entre ser y hacer en realidad nutre tu crecimiento espiritual.

Por supuesto, estar en forma espiritualmente necesita mucho más que agregarle un aditivo espiritual de alto octanaje a los detalles de tu ministerio. En lugar de eso, pienso que tu salud espiritual no es nada más que vivir una vida cristiana auténtica (normal, integral, bien adaptada y enfocada en Cristo) una vida tal y como Dios quiere que sea.

Y si invocáis por Padre a aquel que sin acepción de personas
juzga según la obra de cada uno, conducíos en temor
todo el tiempo de vuestra peregrinación; sabiendo que
fuisteis rescatados de vuestra vana manera de vivir,
la cual recibisteis de vuestros padres, no con cosas
corruptibles, como oro o plata.
—1 PEDRO 1:17-18

CAPÍTULO 2

Comprende los peligros
del ministerio

*Mis parientes y mis amigos de toda la vida viven a miles de
kilómetros de distancia, y no los he visto durante varios años.
Le doy gracias a Dios por los cinco pastores con los
que me reúno cada quince días. Ellos comprenden
lo difícil que puede ser el ministerio, y nos llevamos
en oración unos a otros.*

—PAUL, 46 AÑOS, WYOMING

¿Por qué es tan importante tu salud espiritual? Medítalo. Quizá
estés batallando con una agenda repleta, con un hogar caótico, con
sueños aplastados, con una intimidad desfalleciente y con objetivos
marchitos. Lamentablemente, esas quizá sean las luchas típicas de
la actualidad. ¿Quién sabe lo que traerá el mañana?

Cambios a la velocidad de la luz

Piensa en lo que ha vivido el mundo en la última década más o menos: ataques terroristas, francotiradores y tiroteos en las escuelas. Aunque estos son sucesos nacionales y mundiales, las repeticiones instantáneas e incesantes en los canales de noticias por cable las veinticuatro horas del día significa que estas escenas también te afectan personalmente.

- *El mundo es diferente.* No hace mucho tiempo solo pocas personas sabían acerca de la Internet. ¿Quién se podría haber imaginado que las tentaciones sexuales podrían ser entregadas en las pantallas de nuestras computadoras? ¿Y quién hubiera creído que un porcentaje tan alto de pastores estaría visitando los sitios candentes de la red? ¿Quién hubiera adivinado que sucedería un escándalo sexual en la Casa Blanca y que los detalles morbosos serían parte de las noticias durante meses?

- *La iglesia es diferente.* La iglesia también ha tenido su parte de cambios. Las iglesias tradicionales siguen perdiendo miembros. El índice de divorcio entre los miembros de las iglesias no es distinto del índice de divorcio ente los inconversos. Y estudios confiables muestran que la cantidad de cristianos que se involucran en sexo prematrimonial, en cohabitación y en adulterio emocional no es nada diferente de la de quienes nunca van a la iglesia.

- *Los pastores enfrentan realidades diferentes.* Los pastores de las congregaciones pequeñas sienten que están siendo tragados por las megaiglesias. Algunos pastores quieren cambiarle el nombre a su puesto de pastor por el de director general. Guerras de adoración; sermones impresos directamente de la Internet; el rechazo a proveer cuidado pastoral; y la disposición a atraer a las multitudes a cualquier costo son algunos de los virus extraños que están plagando a las iglesias en la actualidad.

- *La gente parece haber perdido el interés.* La gente ciertamente parece más difícil de alcanzar en estos días. Sus preferencias y sus prioridades cambian con rapidez y con profundidad. Los estudios muestran que cada vez menos personas creen en la existencia de valores morales absolutos, y cada vez más cristianos creen que la verdad moral es relativa a las circunstancias. Dos encuestas realizadas por el investigador cristiano George Barna revelaron que "una cantidad sustancial de cristianos creen que actividades tales como el aborto, las relaciones homosexuales, las fantasías sexuales, la cohabitación, las borracheras y mirar pornografía son moralmente aceptables". Basándose en sus investigaciones, Barna concluye: "Sin una base firme y atrayente para sugerir que tales actos son inapropiados, la gente termina con filosofías que dicen: 'Si se siente bien, hazlo', 'Todos lo están haciendo', o: 'Mientras no dañe a nadie, es permisible'".[1]

Todos estos problemas pueden parecen tan grandes que quizá nos hagan querer cantar una lamentación titulada "Esto es terrible".

Los peligros del ministerio

Lo que está sucediendo allá afuera en el mundo y, tristemente, dentro de muchas iglesias puede provocar que incluso los mejores pastores quieran llenar su ministerio de actividades que quizá valgan la pena pero que finalmente logren pocos avances para el Reino. Sería fácil convertirse en un botones religioso: que sirve a los fieles en la iglesia, mientras que se pierde de la aventura que desafía el alma de convertirse en un líder espiritual para su comunidad y más allá. Con el pasar de los años, sería más fácil intentar construir una gran iglesia, en lugar de desarrollar personas robustas, centradas en Cristo que serían la base para construir una gran iglesia.

Por lo tanto, para obtener cierta comprensión de lo que está sucediendo en medio de estos cambios y zonas de guerra espiritual, necesitas estar alerta a los peligros del ministerio. Solo entonces te podrás proteger de caer en estas trampas.

- *El síndrome de caminar sobre el agua.* Este síndrome provoca que la gente de la iglesia espere demasiado del ser humano llamado pastor. Al mismo tiempo, las felicitaciones también pueden llevar a los pastores a creer que son superestrellas. El síndrome de caminar sobre el agua dispara en algunos pastores una opinión pseudosanta y soberbia de sí mismos. También se permiten a sí mismos a creer las cosas lindas que la gente de su iglesia dice acerca de ellos. Creen que siempre están en lo correcto y se resisten a rendirle cuentas a otro.

- *Problemas personales desastrosos.* Los pecados secretos, el quebranto emocional y el estrés están produciendo bajas entre los pastores. Y el estrés se multiplica a medida que crecen los problemas. Una reacción insatisfactoria o una circunstancia atemorizante en cierto aspecto produce un impacto significativo en otros aspectos de la vida y del ministerio del pastor. Una pelea fuerte con su cónyuge el sábado por la noche se hace obvia en la predicación de la mañana del domingo.

- *Gente distraída.* Las familias donde ambos padres trabajan enfrentan agendas atiborradas y tiempos largos transportándose de un lugar a otro. Mucha gente está tan sobrecargada que no tiene tiempo de añadir otra reunión o de tomar un paso más profundo en su servicio cristiano. Cuando la gente se encuentra bombardeada por los compromisos, asistir a la iglesia puede volverse solo un evento más en su agenda. Hacer que la gente pueda asistir a la iglesia más de una vez a la semana es una lucha cuesta arriba. A veces es una gran batalla lograr que asistan por lo menos una vez a la semana, ya que el fin de semana se convierte en su único momento familiar. Todas estas distracciones también socavan la participación activa y la mayordomía.

- *Mentalidad consumista.* La mentalidad consumista satura la vida en la actualidad, y es una realidad también para las iglesias. Cuando los "consumidores" van a la iglesia, naturalmente esperan que los programas y los ministerios apelen a sus intereses ampliamente variados. Pocas personas seleccionan una iglesia por su enseñanza bíblica o su salud teológica. Incluso es probable que se sientan incómodos con los términos bíblicos de "pecado" y "salvación". En lugar de ello, escogen una iglesia basándose en lo que puede hacer por ellos en lugar de en lo que pueden hacer por ella. Como resultado también evitan servir. No quieren enseñar en las clases bíblicas, trabajar en el grupo de jóvenes o cuidar niños en la guardería. Solo quieren una iglesia que les provea inspiración y ánimo.

- *Gente disfuncional.* La iglesia atrae a personas disfuncionales porque, por lo menos idealmente, representa aceptación, amor y pertenencia. Pero cuando la gente disfuncional viene a Cristo, traen sus problemas con ellos, y buscan en la iglesia esperanza y sanidad. Cuando las iglesias ignoran estos dolores del pasado de la gente los problemas no resueltos surgen de nuevo en maneras extrañas e inesperadas. Los efectos secundarios de los hogares disfuncionales se aceleran cuando los pastores traen su propio bagaje emocional no resuelto a sus ministerios. El resultado es que muchas iglesias tienen pastores disfuncionales dirigiendo congregaciones de personas disfuncionales. Como consecuencia, las crisis personales y familiares que los pastores enfrentan cada día con la gente en sus iglesias los aterran. Algunos incluso se preguntan si el ministerio no daña en realidad a sus propios hijos, a su matrimonio o su bienestar personal.

Otros tratan desesperadamente de enfrentar estas dificultades emocionales enterradas ya de hace tiempo en su pasado. Para empeorar las cosas, muchos pastores no buscan ayuda profesional porque no saben a quién confiarle sus secretos internos.

- *Tentación sexual e infidelidad.* Nuestra sociedad parece estar empapada de información sexual explícita. La televisión trae basura visualmente estimulante a nuestras salas de estar. La pornografía en la Internet está tan cerca como la computadora en el estudio de la casa o en la oficina de la iglesia. Cada semana llegan noticias descorazonadoras acerca de otro fracaso moral entre pastores. De hecho, la infidelidad de parte de los pastores puede ser el resultado de la acumulación de pequeños problemas matrimoniales que nadie se sienta a resolver. Tristemente, un pastor quebrado moralmente arruina la credibilidad de miles de otros pastores y hace que su trabajo sea inconmensurablemente más difícil. Y los que están cerca del ministro que ha caído (en la familia o en la iglesia local) llevan las cicatrices para siempre.

- *Ministerio sin poder.* Los médicos y los abogados pueden llevar a cabo su trabajo basándose en su preparación académica, su experiencia y la buena voluntad de sus clientes o pacientes. Pero los pastores necesitan algo más. Para ministrar con eficacia, los pastores requieren un contacto vital actualizado con Jesucristo. Lamentablemente, los pastores que llevan tiempo en su oficio muchas veces tratan de vivir sin el poder del Espíritu viviente. Y no hay nada más frustrante que dirigir una iglesia sin el poder de la Cabeza de la Iglesia.

- *Crisis de liderazgo.* Casi todos los pastores son tentados a utilizar su posición impropiamente. El deseo egoísta por controlarlo todo (un problema extremadamente frustrante que los pastores observan en los líderes laicos) es sumamente venenoso para los pastores. Recuerda que la descripción del apóstol Pablo de líder es "consiervo" (Colosenses 1:7) y no "pastor en jefe" o "director general". Quizá es tiempo de cambiar el clima en las iglesias donde los pastores buscan prominencia y poder.

- *Soledad.* Muchos pastores experimentan una soledad increíble. La soledad ocupacional proviene de servir a un grupo de personas que no comprenden las exigencias del ministerio. La soledad geográfica proviene de servir en un lugar a kilómetros de distancia de los parientes más cercanos. La soledad pastoral proviene de servir a personas en crisis. Como un virus crónico, la soledad atribula a muchos pastores. Cierto pastor dijo: "La soledad se siente como si Dios se hubiera ido y se hubiera llevado con Él a todas las personas importantes".

- *Piedad superficial.* Tener talento, ser competente y bastante amable es suficiente para tener éxito en la mayoría de las profesiones, pero la intimidad con Jesús es el primer requisito para el ministerio. Cuando un pastor ser enfoca en sí mismo, se obsesiona con sus necesidades personales o comienza a engrandecerse a sí mismo a través de hablar acerca del sacrificio y la humildad, distrae la atención de la gente hacia Cristo. Algunas veces este tipo de actitud proviene de un sentimiento profundamente enterrado de debilidad e ineptitud; el pastor siente la necesidad de ser el centro de atención y de recibir un cargamento tras otro de alabanza.

Enfrenta los peligros

Ya leíste sobre los peligros. El desafío es levantarse sobre ellos. Entrégate en servicio a Cristo para que Él pueda rescatar a la gente de su esclavitud al pecado. Ayuda a los que ministras a desarrollar una vida con una calidad semejante a la de Cristo. Sumérgete en la grandeza. Ten presente que el amor vence todo lo demás.

Confronta estos peligros con la valentía que Dios da, con creatividad, con imaginación y con fe.

Lo que se necesita hacer puede ser hecho.

Recuerda: el Señor te llamó. Él te honra con compañerismo con Él. Eres un trofeo de gracia único y extraordinario que Dios le entregó a tu congregación. Pero eso no es lo que te hace especial. Más bien, el poder de Dios que actúa en ti es el arma más poderosa del arsenal mundial. ¡No lo olvides!

Así que, cada uno someta a prueba su propia obra, y entonces tendrá motivo de gloriarse solo respecto de sí mismo, y no en otro; porque cada uno llevará su propia carga.

—GÁLATAS 6:4-5

CAPÍTULO 3

Encuentra un compañero a quien rendirle cuentas

Dios me ha bendecido con un amigo leal durante más de veinte años. Siempre ha creído en mí más que yo mismo. Finalmente me convertí en la persona (y en el pastor) qué él siempre pensó que yo era.

—ALAN, 62 AÑOS, OREGON

¡Qué barbaridad! La tarea de explorar los peligros que enfrentan los pastores en las últimas páginas fue agotadora. Mientras considerabas la lista, es probable que hayas reconocido que te has estado deslizando hacia una de las trampas que representa alguno de estos peligros. A causa de enfrentar estas luchas (sea que hayan provenido de circunstancias ajenas a ti o por malas decisiones que has tomado) sería fácil pensar: *Quizá sea momento de dejar el ministerio.*

No obstante, una vez más, tu desafío es levantarte. Una manera maravillosamente misteriosa en la que Dios te ayuda a evitar estos peligros (o a sanar después de haber caído en ellos) es a través de un deseo inextinguible por las amistades. Como todos los demás, necesitas amigos. Las amistades bien nutridas pueden contribuir con tu recuperación, manteniéndote sano emocional y espiritualmente.

Nos encantan estas palabras anónimas que hemos leído por allí:

> Un amigo es aquel que te conoce como eres, entiende lo que has sufrido, acepta en quien te has convertido y que todavía con suavidad te invita a madurar.

Cada pastor necesita un amigo así; un compañero a quien rendirle cuentas que sea un amigo absolutamente confiable. Este es un amigo a quien le puedas rendir cuentas de tu vida espiritual voluntariamente. Alguien con quien puedas ser totalmente honesto. El incalculable valor de una amistad así incluye beneficios adicionales como afecto, confianza, respeto, ayuda mutua, comprensión, devoción, aceptación, espontaneidad y apertura personal; los cuales son los componentes de la salud integral.

¿Dónde puedes encontrar a un amigo a quien puedas rendirle cuentas de tu relación con tu Señor, de tu congregación y de ti mismo? Esta persona puede ser un mentor, un colega, el pastor de otra congregación cercana, un amigo de la infancia o de la escuela, o un compañero de otra denominación. Ciertamente, este amigo del alma es alguien que te ama lo suficiente como para ser tierno y rudo al mismo tiempo contigo. Sabe y está disponible cuando necesitas a alguien con quien orar o que ore por ti.

Como tu amigo del alma tiene la meta de hacer de ti una persona más auténtica con sus preguntas y advertencias, quizá lo encuentres cuando escuches que alguien te diga: "Sé honesto", "Deja de estar jugando", "Dime lo que está pasando en realidad".

Busca personas estables espiritualmente como tus fuentes de desarrollo interno. Uno de estos amigos podría convertirse en tu amigo del alma. Busca alguien que te fortalezca espiritualmente, que estimule tu fe y a quien le rindas cuentas. Busca a alguien que sea justo y honesto cuando te evalúe y que te pida cuentas de tu crecimiento espiritual.

Idealmente, tu compañero al que le rindes cuentas estará dispuesto a escuchar comprensivamente tus heridas, a afirmar tus puntos fuertes y a exigirte autenticidad. Este amigo debe de saber cuando darte una palmada en la espalda y cuando patearte el asiento. Esta persona debería de ser tu mejor amigo, el más exigente y quien más te desafíe.

En la primera oportunidad, este amigo irá a la lona por ti, y tú harás lo mismo por él. Voluntariamente compartirán su dolor y sus quebrantos de corazón, así como su gozo. Caminarán juntos a través de los momentos difíciles de la paternidad y los problemas matrimoniales. Llorarán juntos y también se regocijarán juntos.

En tu relación de rendir cuentas a otras personas, disfrutarás de una amistad confidencial, cálida, de apoyo mutuo y cada vez más profunda que demuestre que ambos pueden contar con el otro incondicionalmente. Un amigo del alma te sostiene, te apoya, te toma cuentas y hace que le rindas cuentas finalmente al Señor.

Así que, los que somos fuertes debemos soportar las flaquezas
de los débiles, y no agradarnos a nosotros mismos.
Cada uno de nosotros agrade a su prójimo en lo que es bueno,
para edificación.

— ROMANOS 15:1-2

CAPÍTULO 4

Faculta a tu compañero a quien rindes cuentas

*Cuando una joven atractiva de mi congregación comenzó
a coquetearme, se lo informé a mi esposa y a un colega.
Mi colega en el ministerio me llama en momentos inesperados
todas las semanas y me hace las preguntas difíciles;
y me exige respuestas honestas.*

—CLARK, 53 AÑOS, CAROLINA DEL NORTE

Mientras que el concepto de un amigo del alma suena increíble, la verdad es que desarrollar una amistad de este tipo quizá te lleve por caminos llenos de baches. En medio de un ministerio y una vida familiar llenos de actividades, además de un sin número de otras exigencias sobre tu tiempo, ahora debes de cultivar esta relación increíblemente profunda. ¿Realmente vale la pena?

La respuesta es un resonante "sí". Establecer una relación en la que rindamos cuentas te brinda un lugar único para desarrollar y usar tu espiritualidad. Esta relación te va a ayudar a convertirte en una persona auténtica, a desarrollar integridad interna, a fortalecer tu fe y a ayudarte a mejorar tu relación con Dios.

Como un regalo especial de Dios, este amigo te apoyará en las horas oscuras, para ayudarte a evaluar tus pensamientos y a ofrecerte apoyo cuando temas creer en ti mismo y en Dios. En pocas palabras, esta relación satisfactoria proveerá el terreno fértil para cultivar una fe robusta.

Haz que tu relación funcione

Para que tu amigo del alma verdaderamente te pida cuentas, tú debes de darle permiso de preguntarte acerca de tu relación con Dios e inquirir acerca de tu santidad en tu vida diaria. En muchas relaciones de este tipo, tu compañero te da ese mismo permiso para que ambos se pidan cuentas. Idealmente, tú y tu amigo del alma van a cuestionar los motivos del otro, el estatus de su matrimonio y su ministerio. Incluso, se van a preguntar el uno al otro acerca del uso de su tiempo, así como los momentos y lugares en los que fueron tentados a dorar la píldora, a racionalizar su conducta o a no darle importancia a malas actitudes propias.

Más específicamente, invita a tu compañero pastor a quien rindes cuentas que comience a supervisar dónde te encuentras en los siguientes aspectos de tu vida y de tu fe.

¿Realmente conoces a Cristo?

Antes de poder desarrollarte espiritualmente en cualquier otra forma, debes de enfrentar la verdad acerca de si aceptaste la oferta de Dios de un nuevo comienzo. Jesús dijo: "Os es necesario nacer de nuevo" (Juan 3:7). El apóstol Pedro proclamó: "Bendito el Dios y Padre de nuestro Señor Jesucristo, que según su grande misericordia nos hizo renacer para una esperanza viva, por la resurrección de Jesucristo de los muertos" (1 Pedro 1:3).

Este nuevo comienzo es un encuentro transformador con Jesucristo: un trasplante espiritual de corazón que cambia tu carácter tan radicalmente que tus pensamientos y tus acciones son moldeadas por nuevos valores. Transforma tu existencia en el nivel más profundo. Lejos de restarte vida, conocer y aceptar el don de Cristo te lleva a una relación con Dios inimaginablemente más profunda.

¿Realmente crees que Dios te va a usar?

Esta pregunta es importante, porque contrarresta los pensamientos autodestructivos que la mayoría de la gente contempla. A medida que analizas situaciones, cuestionas experiencias y debates contigo mismo sobre distintas alternativas, ¿qué pensamientos engañosos se escurren en tu mente para reforzar tus actitudes o mentiras antiguas incrustadas? Estos pensamientos de duda pueden comenzar de una forma bastante benigna; quizá desde la niñez te has estado diciendo a ti mismo que eres demasiado alto, demasiado petizo, demasiado joven, demasiado estúpido, demasiado listo o demasiado algo. Más tarde, esos pensamientos salen a la superficie en formas mucho más cancerosas: "Arruiné mi vida por casarme con la persona equivocada", "Soy un mal padre porque mis hijos son rebeldes", o: "Igual y ya no voy a seguir con mi ministerio porque siempre la riego".

A medida que tu compañero a quien rindes cuentas te va conociendo mejor, puede desafiar lo que te estás diciendo a ti mismo. Tu amigo puede dirigirte a practicar pensamientos constructivos, llevándote a verdades como estas: "Soy creación de Dios, y Él no produce basura", "Estoy contribuyendo de una forma valiosa con mi familia", "Alguien me necesita" o: "Siempre hago mi mejor esfuerzo; algunas veces no es lo suficiente pero todos cometemos errores". Este tipo de pensamientos te van a llevar a confesar tus faltas, a recibir perdón y a tener fuerzas para un nuevo comienzo.

¿Te deleitas en el ministerio?

Tristemente, muchos pastores llevan a cabo las tareas de la vida y del ministerio a partir de un mal entendido sentido del deber. A medida que realizan las responsabilidades de sus ministerios (e incluso a veces de su matrimonio) en todo lo que pueden pensar es en las palabras clave "debo" y "tengo que". Esta fijación en el deber puede producir un sentimiento paralizante que finalmente produce un estilo de vida de segunda clase.

Tu compañero a quien rindes cuentas te puede ayudar a cultivar una perspectiva que convierta el deber en deleite. Por ejemplo, a pesar de que tu matrimonio es un voto y una obligación, también es un privilegio ordenado por Dios que nutre tu hambre innata de cercanía y de intimidad. Aunque tener hijos conlleva responsabilidades exigentes a largo plazo, pocas cosas son más satisfactorias que forjar lazos de por vida con tus hijos. Y lo que produce la diferencia entre el apremio y el deleite en tu ministerio es la cantidad de propósito que le infundas. La fuerza interna inesperada que el apóstol Pablo promete se convierte en realidad cuando trabajas con gozo: "Todo lo puedo en Cristo que me fortalece" (Filipenses 4:13).

Dale permiso de hacerte preguntas inquisitorias

Una forma práctica adicional en que tu amigo del alma puede pedirte cuentas es por medio de acordar un conjunto de preguntas que se formulen mutuamente cada vez que se reúnan.

Por ejemplo, pueden personalizar las "reglas" que Juan Wesley utilizó en los primero días del metodismo. Mientras que Wesley utilizó sus reglas para establecer conversos en un ambiente grupal de fe activa y rendición de cuentas personales, el mismo proceso también puede funcionar de manera similar entre pastores. Wesley hacía cinco preguntas en las reuniones de clase:

- ¿Qué pecados has cometido desde nuestra última reunión?
- ¿Qué tentaciones has enfrentado?
- ¿Cómo fuiste librado?
- ¿Qué has pensado, dicho o hecho que dudas si fue pecado o no?
- ¿Tienes algo que desearías guardar en secreto?

Charles Swindoll redactó un conjunto de guías un poco más modernas. Utilizó estas preguntas consigo mismo y con su personal, y a menudo las expone en las convenciones de pastores.

- ¿Has estado con una mujer esta semana en algún lugar que podría considerarse comprometedor?
- ¿Alguno de tus tratos financieros ha carecido de integridad?
- ¿Te has expuesto a material de naturaleza sexual explícita?
- ¿Has invertido el tiempo adecuado para estudiar la Biblia y orar?
- ¿Le has dedicado tiempo prioritario a tu familia?
- ¿Has cumplido con las responsabilidades de tu llamado?
- ¿Mentiste al responder alguna de estas preguntas?[1]

O quizá prefieras la guía basada en los diez mandamientos desarrollada por Rick Warren de la iglesia Saddleback Church en California:

1. No visitarás a persona alguna del sexo opuesto en su casa a solas.
2. No aconsejarás a persona alguna del sexo opuesto a solas en tu oficina.
3. No aconsejarás a persona alguna del sexo opuesto más de una vez sin que el cónyuge de esa persona se encuentre presente.

4. No saldrás a comer, ni estarás a solas en un lugar público con un miembro del sexo opuesto.

5. No besarás a ninguna persona del sexo opuesto ni le mostrarás afecto de manera que pueda ser cuestionable.

6. No hablarás de problemas sexuales detallados con miembros del sexo opuesto en consejería.

7. No hablarás de tus problemas matrimoniales con miembros del sexo opuesto.

8. Tendrás cuidado al responder tarjetas y cartas de miembros del sexo opuesto.

9. Harás de tu esposa y de tu secretaria tus aliadas protectoras al aconsejar.

10. Orarás por la integridad de los miembros de tu personal y tus colegas en el ministerio.[2]

Finalmente, asegúrate de definir un objetivo sumamente objetivo en tu relación de rendir cuentas. Pregúntense mutuamente: "¿Cuál es el resultado deseado, o la meta, de tu desarrollo espiritual?". Recuerda, la idea de tu relación es cultivar un terreno fértil para una fe creciente y robusta, que es el ingrediente básico de un ministerio fructífero y una vida espiritual llena de aventuras.

Someteos unos a otros en el temor de Dios.
—EFESIOS 5:21

PARTE 2

Relaciones
correctas

Nuestros ministerios sólo pueden ser efectivos cuando
nuestras acciones y reacciones hacia los miembros
de nuestra familia, nuestros colegas en el ministerio
y los miembros de nuestra congregación sean puras.
Debemos de ser ministros de paz.

*Por lo demás, hermanos, tened gozo, perfeccionaos,
consolaos, sed de un mismo sentir, y vivid en paz;
y el Dios de paz y de amor estará con vosotros.*
—2 CORINTIOS 13:11

*Padre Dios, mantenme concentrado en los que me has dado
en mi hogar, mi comunidad y el mundo. Facúltame para amar
a las personas, que son imperfectas, frágiles, santas, extrañas,
fieles y a veces perversas. Sigue recordándome que estoy en camino
a la eternidad con aquellos a quienes me has dado para servirlos.
Amén.*

Beneficios
inesperados

Mi vida y el ministerio han estado bastante bien este año. Tengo tres años de pastorear una pequeña iglesia en un lugar que la gente llama "La Zona Oxidada". Es una iglesia antigua en una comunidad establecida hace ya muchos años.

En esta iglesia he tenido que enfrentar varios momentos de prueba de mi fe. Mientras que las iglesias pequeñas son increíbles porque todos se conocen bien, también pueden ser lugares donde todos saben lo de todos. Ese hecho se volvió una de las mayores bendiciones de mi vida.

Justo hace un año, mi esposa Sharon y yo, tuvimos a nuestro primer bebé. Es increíble como eso al parecer ha sacado tantas cosas buenas de la gente de nuestra iglesia. Se han dedicado a nuestra hija Emily como si fueran nuestros parientes. Es como si tuviéramos varias docenas de abuelos, abuelas, tíos y tías. Su amor nos llega, como padres de Emily, también de diferentes maneras.

Antes de que Emily naciera, Sharon había estado trabajando a tiempo completo como secretaria en una escuela primaria cerca de casa para ayudar con los gastos. Se nos ocurrió un plan financiero que pudiera permitirle regresar a la escuela trabajando medio tiempo como asistente de maestra cuando naciera Emily. Pero los últimos dos meses de su embarazo los tuvo que pasar en reposo riguroso, lo que significaba que todos nuestros planes financieros salieran volando por la ventana.

De pronto, la gente de nuestra iglesia comenzó a cuidarnos como nunca antes. Nos traían de comer, nos traían despensa e incluso dejaban sobres con dinero de manera anónima en nuestra puerta. Algunas de las mujeres se organizaron por turnos para venir y limpiar la casa.

Lo sucedido durante el año pasado, más o menos, me ha hecho darme cuenta de algo: No me importa cuanto tiempo esté en esta iglesia, es parte de la Iglesia de Dios tanto como cualquier otra iglesia local. Y realmente amo a estas personas. No siempre lo siento, pero cuando nació Emily, me di cuenta de que necesitaba comenzar a amarlas como ellas nos amaban.

En una mañana típica de domingo, hace tres meses, estaba desarrollando mi mensaje sobre 1 Tesalonicenses 5:11: "Por lo cual, animaos unos a otros, y edificaos unos a otros, así como lo hacéis". Al mirar a las setenta y cinco personas o más presentes tuve que detenerme. Me di cuenta de que la gente de esta iglesia había vivido este versículo a favor de mi familia y de mí, y una ola de emociones inesperadas comenzó a surgir de mi corazón.

Podía ver que la gente se estaba preguntando qué me estaba pasando. Finalmente, pude hablar un poco y dije: "Solo quiero que sepan que me encanta ser su pastor. Ser parte de la familia de esta iglesia y que ustedes nos cuiden a Sharon, a Emily y a mí... bueno no tengo palabras que puedan expresar cuanto se los agradezco. Participar en ayudarles a crecer espiritualmente es el mayor gozo que tengo. Le doy gracias a Dios por habernos traído aquí". Esa no era la manera en que había planeado terminar mi sermón ese día, pero así lo terminé.

Mis padres y mis abuelos también fueron pastores. Y siempre me pregunté si lo que ellos decían acerca de que la gente ama a sus pastores, especialmente durante momentos difíciles, era verdad. Pero ahora sé que el amor de una iglesia puede ser el beneficio más grande que cualquier familia pastoral puede tener.

CAPÍTULO 5

¿Por qué amar a tu iglesia?

Le doy gracias a Dios por los recordatorios de que necesito seguir ministrando con amor y compasión a la gente que ha puesto a mi cargo y bajo mi cuidado. Quiero cumplir con lo que Pablo le escribió a Timoteo: "Ten cuidado de ti mismo y de la doctrina; persiste en ello, pues haciendo esto, te salvarás a ti mismo y a los que te oyeren".

—TERRY, 47 AÑOS, CALIFORNIA

Una de las cosas que nos gusta decir es que la gente es el negocio principal de las iglesias. Cristo estableció la Iglesia para la gente. La obra de las iglesias es la gente. Si no se está ayudando a las personas, las iglesias no están haciendo su trabajo. El ministerio de las iglesias no es darle mantenimiento a los edificios o mantener sus puertas abiertas. Es ganar gente. Como pastor, se te ha dado el privilegio de tener amistad con la gente, amarla, cuidarla, ganarla y edificarla en la fe.

Cuando el pastor y su congregación no se aman, la iglesia sufre. Tristemente, muchos pastores mantienen a la gente a raya. El resultado es que las personas se sienten distantes de su líder y que el pastor se siente aislado en su propia iglesia.

Dios quiere que tu iglesia sea una familia santa, y confía en ti para que seas la cabeza espiritual de esa familia. Eso quiere decir que, de la misma manera que un padre, necesitas aprender a amar a los miembros de tu familia, con todo y todo. Cuando afirmes y ames a la gente en tu familia (y ellos te afirmen y te amen a cambio), ambos atraerán gente a su iglesia y van a estar felices con lo que hagan.

La gente viene a tu iglesia por una variedad de razones: por la ubicación, por recomendación de un amigo o por los ministerios que ofrece. Pero la aceptación y la calidez son las razones por las que sigue regresando. Y probablemente tengan un gran peso en la razón para quedarte. Esto quiere decir que eres parte de una comunidad única, en la que pueden suceder cosas maravillosas.

Detente y piensa durante un minuto acerca de cómo es tu iglesia. Idealmente, es por lo menos tres cosas: una familia de amigos, una comunidad de personas en desarrollo y una sociedad de amor.

Una familia de amigos

La iglesia que diriges y tú son parte de una familia de amigos con por lo menos dos tareas esenciales: presentarle a la gente los recursos divinos y sensibilizarlos a las necesidades humanas. En muchas maneras, la iglesia ayuda a la gente a crecer en su fe, al mismo tiempo que ofrece remediar el vacío de las personas necesitadas espiritualmente. Al estimular relaciones auténticas, la iglesia se convierte en un lugar en el que la gente llega a comprender que todo lo que posee es un regalo de Dios. Es un lugar en el que el Señor te usa con el "fin de perfeccionar a los santos para la obra del ministerio, para la edificación del cuerpo de Cristo" (Efesios 4:12). En esta gran familia, los creyentes son más cercanos entre sí que los hermanos y las hermanas de sangre. Es un lugar en el que la gente se siente valorada y donde se les ofrece un antídoto saludable para la soledad, el aislamiento y la tensión.

Esta familia, cuyo epicentro es Cristo, ofrece la instrucción de una escuela donde aprender es un gozo, la sanidad de un hospital donde la salud interna está asegurada, los recursos de un banco donde las necesidades humanas son suplidas de manera abundante y la aceptación de un hogar donde el amor reina. Como una red de amigos, la iglesia se convierte en un lugar donde las personas se fortalecen entre sí de maneras únicas y satisfactorias.

Una comunidad de personas en desarrollo

Tu iglesia también tiene el potencial de ser una comunidad restauradora de personas en desarrollo. Esto significa que tu iglesia puede ser un lugar en el que tú y otras personas luchen hombro a hombro para ser piadosos. A medida que examinan sus creencias, aspiraciones, motivos, emociones y decisiones, las relaciones en tu iglesia brindan un lugar en el que la gente puede evaluar prácticas controvertidas y crear un clima en el que todos se sientan como un valioso hijo de Dios. Esta mezcla única de recursos humanos y divinos no se puede encontrar en ningún otro lado.

Lamentablemente, es fácil que las iglesias pierdan su enfoque. Todas las aventuras excitantes de la vida quedan entumecidas por preocupaciones secundarias como las tradiciones, mayores instalaciones y programas de actividades más extensos. Pero de las iglesias auténticas que están comprometidas a cuidar de la gente en lugar de a mantener una institución emana una atracción casi irresistible. El vigor y la salud de tu iglesia (y el tuyo también) solo incrementará a medida que tu iglesia se entregue a estos propósitos altos.

Una sociedad de amor

Tu iglesia puede ser un lugar en el que toda relación esté saturada del amor de Cristo. Dar y recibir amor en un ambienta así crea un círculo de apoyo de relaciones sanas. La iglesia se convierte en un lugar en el que la gente se muestra amor de una manera práctica. Al reunirse en una comunidad de fe semejante, disfrutan del privilegio de expresar palabras cálidas y de realizar obras útiles que los animan a un aprecio más profundo del evangelio, a un compromiso más fuerte con el servicio y a amistades duraderas centradas en su amor común por Cristo.

De manera que nosotros de aquí en adelante a nadie conocemos según la carne; y aun si a Cristo conocimos según la carne, ya no lo conocemos así. De modo que si alguno está en Cristo, nueva criatura es; las cosas viejas pasaron; he aquí todas son hechas nuevas.

—2 CORINTIOS 5:16-17

CAPÍTULO 6

He aquí los
aguafiestas

*Soy pastor de una iglesia rural de cincuenta personas o menos
que asisten cada domingo. Batallamos con la constancia y con
la consistencia, y a veces es frustrante. No obstante, después
de tres años, todavía nos encanta estar aquí. Algunas veces lo
único que necesito es escuchar estas palabras de ánimo:
"Florece donde fuiste plantado". Sé que todavía hay mucho
más florecimiento que Dios quiere que lleve a cabo aquí.*

—William, 28 años, Missouri

Aunque acabamos de ver las muchas cosas positivas que puede
tener tu iglesia, la realidad es que no siempre es así. La gente quizá
sea el negocio principal de la iglesia, pero hay ciertas personas que
casi sin esforzarse crean una atmósfera negativa dentro de ella. Si no
se supervisa, esta negatividad puede contagiarse como una
enfermedad agresiva y de rápido crecimiento.

Todos los pastores tratan con personas que producen este tipo de negativismo. Parte en broma les llamamos a estas personas "los aguafiestas". Sin embargo no tienen nada de gracioso.

¿Qué es un aguafiestas? ¿Recuerdas la película *Ghostbusters* ["Cazafantasmas"]? Los personajes principales que querían librar los hogares y las empresas de fantasmas indeseables llevaban unas máquinas de aspecto extraño en la espalda. Estos recipientes tenían mangueras y rayos especiales que esencialmente absorbían a los espíritus y los guardaban allí hasta que pudieran ser vaciados en algún otro recipiente.

Los aguafiestas al parecer llevan estas maquinas imaginarias en su espalda. Conectan su manguera a tu corazón, y en unos instantes, te absorben el gozo. Es sorprendente la cantidad de daño que pueden hacerle a tu corazón y a tu actitud en un breve periodo.

Toma un minuto y cierra los ojos. Esto quizá sea un poco atemorizante, pero es probable que puedas recordar a cada aguafiestas que hayas pastoreado.

Allí está el señor Jones. Es un aguafiestas, siempre lo ha sido y probablemente siempre lo será. Estás camino al frente de la congregación justo cuando la reunión está a punto de comenzar. El señor Jones se aproxima y te dice: "Pastor, venía caminando por la acera esta mañana de regreso del estacionamiento, y me di cuenta de que la hierba está creciendo entre las grietas de la acera, así que me estaba preguntando, ¿qué ha pensado hacer?". Existe la probabilidad de que solo sacudas la cabeza y sigas adelante con el servicio y con el resto del día. Pero en lo profundo, sabes que "hierba en las grietas" es solo el preludio de más negativismo de parte de este hombre.

Una vez terminada la reunión, otro aguafiestas se te acerca, el señor Smith. Acabas de tener una reunión estupenda. Dios se manifestó y tú percibiste que mucha gente en tu iglesia tomó el paso de acercarse más al Señor. Pero aquí viene el señor Smith con una carpeta bajo el brazo. Antes de que siquiera puedas decir "buenos días", el señor Smith dice: "Pastor en el servicio de esta mañana, noté que cantamos más cantos modernos de alabanza que himnos. Me gustaría saber a dónde se dirige esta iglesia". Por supuesto, tú haces todo lo posible para mantener la compostura. Dentro de ti, sabes que lo sucedido durante la mañana no ha sido sino solamente algo positivo, no obstante, una persona se perdió de una bendición genuina porque estaba tan enfocada en sí misma que no pudo recibir el hermoso regalo de Dios para ella. Y tú sabes que le va a contagiar su negativismo a otras personas de la iglesia.

¿Existe cura para el aguafiestas? La verdad es que los aguafiestas son personas infelices. Quizá se sientan perdidas en la vida. O quizá fueron rechazadas por algún ser querido. Quizá las decepcionó un pastor anterior, un jefe o un entrenador. O quizá resientan que otras personas estén felices. Principalmente, han escogido ser lo que parecen: unos aguafiestas.

Puede verlos venir, tratas de esconderte porque sabes que cuando termina tu encuentro con ellos te sientes negativo y agotado. No quieres que el aguafiestas te convierta en una persona desagradable. Y, lamentablemente, los aguafiestas son más resistentes; parece que duran más que el resto.

Si estás tratando con este tipo de personas, quizá te sientas descontento con la vida; especialmente con tu ministerio. Si todavía eres capaz de pensar bien de ellos, puedes darte cuenta de que Dios los podría usar de muchas maneras positivas si solo decidieran ser diferentes; si solo le permitieran a Dios que cambiara su corazón.

Lo que todos necesitamos recordar es que Dios no nos ha llamado a vivir en el negativismo. Su propósito no es que nuestro ministerio sea moldeado por los que hablan mal. El autor de Hebreos instruyó: "Obedeced a vuestros pastores, y sujetaos a ellos; porque ellos velan por vuestras almas, como quienes han de dar cuenta; para que lo hagan *con alegría*, y no quejándose, porque esto no os es provechoso" (Hebreos 13:17, énfasis añadido).

Al parecer es bastante claro que Dios no desea que le agüen la fiesta a una iglesia o a los líderes de esa iglesia. Si eso sucede, tu iglesia tendrá el mismo aspecto que el de los aguafiestas. No importa lo mal que te hayan hecho sentir estas personas, ciertamente no quieres que el resto de tu iglesia las imite. ¿Cómo puedes tratar con los aguafiestas?

- *Amarlos porque Dios los ama.* ¡Ay! Sabes que no será fácil, ya que el solo mirar a los aguafiestas te hace querer salir corriendo y esconderte. Pero piénsalo bien. Cuando amas a los aguafiestas puedes darles el beneficio de la duda, y puedes hacer todo lo que está en tu poder para ayudarlos a componerse.

- *Tratar de comprender su trasfondo.* ¿Por qué el señor Jones hace lo que hace? ¿Por qué el señor Smith me dice estas cosas? Si investigas lo suficiente, vas a encontrar que estos aguafiestas y otros semejantes a ellos tienen algo en su pasado que se refleja en su presente.

- *Sé honesto con ellos.* Otra sugerencia difícil. No obstante, no le puedes tener miedo a los aguafiestas en tu iglesia. En lugar de evitarlos, necesitas perseguirlos. Debes de trabajar para ayudarlos a cambiar en lugar de facilitar un patrón continuo de disfunción.
- *Establece límites.* Pregúntate: "¿Estoy dispuesto a permitir que toda esta iglesia se contagie con las acciones y las actitudes negativas de los aguafiestas? ¿O existe un límite?" Mientras que esta decisión podría ponerse difícil, necesitas calcular el precio de lo que los aguafiestas le están haciendo al resto de tu congregación.
- *Entrégale los aguafiestas al Señor.* Tú no puedes sanar o cambiar a nadie. Solo les puedes presentar alternativas y aconsejarlos. Al final, lo que decidan hacer los aguafiestas depende de ellos mismos. Lo único que puedes hacer es confiar en que Dios va a tratar con ellos. No obstante, como responsable de esta iglesia de Dios, no puedes tolerar o permitir que se infiltre el veneno de un aguafiestas y destruya el tejido de tu iglesia.

Tu responsabilidad es conducir a las personas a una vida más positiva y productiva en Cristo. Por supuesto, eso es fácil de decir. Gracias a Dios, solo eres un custodio de la iglesia que el Señor te ha dado para que la dirijas. La iglesia es suya. La gente también le pertenece.

Así que levanta tu cabeza. Define tu ministerio por lo positivo, no por lo negativo. Casi todas las iglesias tienen por lo menos un aguafiestas. Solo asegúrate de que los aguafiestas en tu iglesia no te roben el gozo a ti.

Dad, y se os dará; medida buena, apretada,
remecida y rebosando darán en vuestro regazo;
porque con la misma medida con que medís,
os volverán a medir.

—LUCAS 6:38

CAPÍTULO 7

De verdad puedes amar a tu iglesia

Acabo de pasar por unas semanas bastante difíciles en el ministerio, tratando con algunas situaciones difíciles en mi iglesia. No obstante, me siento humildemente agradecido con las personas de mi congregación que me aman y que fielmente permanecen firmes en su fe sin importar las pruebas que se presenten.

—STAN, 41 AÑOS, TENNESSEE

Hemos explorado ya algunas razones por las que es importante tener relaciones sanas en nuestras iglesias. Y hemos admitido que algunas personas pueden hacer que parezca imposible procurar relaciones sanas; incluyendo personas que son tan negativas que parecen drenarnos de todo el gozo que deberíamos de tener en el ministerio.

La realidad es que algunas personas son más fáciles de amar que otras y algunas iglesias son más fáciles de amar que otras también. Por cierto, lo mismo es verdad con los pastores. Pero como mucha de la efectividad de tu iglesia depende de las relaciones sanas entre tu congregación y tú, es vital que desarrolles una conexión de amor con tu iglesia. Mientras que esta relación de amor no es lo único que importa en tu iglesia, lo demás no importa sin ella.

Así que seamos prácticos. ¿De qué forma tú y tu congregación pueden amarse más?

Comienza bien... ¿será esto amor?

Cuando la primera luz del llamado a una iglesia te llega, es momento de hacerte preguntas como estas: *¿Será esto el comienzo de algo maravilloso? ¿Es Dios quien nos está uniendo? ¿Encajaré aquí? ¿Será amor a primera vista? ¿Hay química?* Las respuestas serán singularmente personales.

Pregúntale a una pareja casada cómo se conocieron y cómo se enamoraron. Es probable que la historia sea única y a veces incluso ridícula. Incluso los que han estado casados se ríen como quinceañeros cuando relatan su historia. Lo interesante, es que mientras la historia se desarrolla, los ingredientes básicos de su relación quizá no suenen como la base sólida de un matrimonio fuerte. No obstante, eso es exactamente lo que ellos han edificado. Lo que piense un observador externo realmente no es muy importante.

De manera similar, la química espiritual-emocional fuerte y afectuosa entre tú y tu iglesia es un requisito al comienzo de la relación. Como en un matrimonio, ese ingrediente será único; pero necesitas estar convencido de que se puede establecer y mantener una relación amorosa, si no, no tiene caso tomar esta nueva responsabilidad.

Di: "Te amo"

Dile a tu congregación el privilegio que tienes de ser su pastor. Escuchamos acerca de cierto pastor que seguía enamorado de su iglesia anterior y hablaba seguido de ella. Cierta persona de su iglesia actual dijo: "A lo mejor nos amará más después de que se vaya". La implicación tácita al parecer era: "Y espero que sea pronto".

Una mejor opción es hablar de cuanto amas a tu iglesia actual. Luego observa todo lo bueno que vendrá. Cada palabra amorosa le recuerda a alguien el amor de Jesús. Cada palabra amorosa sirve como un "bumerang" para que alguien en la congregación le regrese ese amor al pastor. Y cada palabra amorosa hace crecer el alma de la persona que la originó.

Practica las palabras en casa y en tu oficina para que puedas decir sin una pizca de duda: "Te amo en el amor del Señor".

Agradécele a tu iglesia por amarte

¿Vives en un estado perpetuo de descontento porque piensas que tu iglesia no hace tantas cosas como lo que la iglesia al otro lado del pueblo hace por su pastor? Solo recuerda, esta actitud puede ser tan tonta como comparar dos anillos de compromiso. Algunas veces es el menos costoso el que representa un nivel mayor de devoción y amor.

O quizá creas que tu iglesia tenga que tratarte como a un rey; has pagado el precio y tu iglesia te lo debe por tus años de servicio. Perdón, pero esa falsa noción no se parece mucho al sacrificio, la obediencia y la muerte a uno mismo que comienza con la cruz.

En lugar de eso, piensa en lo rico que eres en realidad: un hijo del Rey que sirve al pueblo del Rey. Predicas en su púlpito y trabajas en su oficina. Representas al Rey cada día entre su pueblo. Hablas de su parte y tienes a tu cargo su iglesia. Pero serás sabio si siempre tienes presente que tú no eres el Rey.

Sé digno de honra

Todos los pastores se saben la exhortación bíblica de que el pueblo de Dios les debe a sus líderes una consideración especial. Pablo dio esta disposición en dos de sus cartas. En 1 Tesalonicenses escribió: "Os rogamos, hermanos, que reconozcáis a los que trabajan entre vosotros, y os presiden en el Señor, y os amonestan; y que los tengáis en mucha estima y amor por causa de su obra. Tened paz entre vosotros" (1 Tesalonicenses 5:12-13).

Nuevamente Pablo sugirió honrar, incluso con doble consideración a los pastores en 1 Timoteo 5:17: "Los ancianos que gobiernan bien, sean tenidos por dignos de doble honor, mayormente los que trabajan en predicar y enseñar".

Recordamos haber escuchado la historia de cierto líder laico que ayudó a la iglesia en la que servía para que hiciera todo lo posible para honrar a su nuevo pastor. Pero que luego le preguntó al asesor que ayudó a la iglesia a encontrar al nuevo pastor: "¿Nadie les recuerda a los pastores que los versículos acerca del honor que se les debe tienen dos lados?".

El líder fiel tiene razón, el pasaje dice que el lado del pastor en la cuestión de la honra que se le debe es trabajar duro, presidir la iglesia y amonestar al pueblo de Dios. Y que se les debe doble honor a los que predican y enseñan.

En los detalles cotidianos de nuestro ministerio, es probable que el asombro de haber sido apartados por el Señor soberano pierda brillo. Pero necesitas descubrir un sentir renovado de responsabilidad para desempeñar tu ministerio tan bien que agrade a Dios. Eso te va a llevar a una comprensión cada vez más profunda de lo que es la obligación de rendir cuentas por tu servicio pastoral, que puede darle forma a tu mentalidad a largo plazo.

Comprométete a toda una vida de cortejo

Nos sorprende la historia de una pareja que se aproxima a la celebración de su sexagésimo séptimo aniversario de bodas. Al esposo, ya bien entrado en los ochenta años, se le preguntó: "¿Qué consejo le puede dar a los esposos más jóvenes?". Respondió: "Tienes que seguir haciendo lo que hiciste para ganarte su corazón al principio". En ese consejo también hay muchas cosas buenas y útiles para tu relación de amor con tu iglesia.

Pero, ¿qué hay de las veces cuando los sentimientos de amor se han evaporado? El consejo de un columnista de periódicos para una mujer que ya no estaba enamorada de su marido también se aplica para los pastores y sus iglesias. El consejo: Quédate dónde estás. Comienza a actuar como si estuvieras enamorada. Lleva a cabo actos amorosos. Demuestra amor hasta que los sentimientos cálidos vuelvan a comenzar a crecer. Porque lo harán.

Vive y predica acerca del amor

Vuelve a la Biblia. Alimenta tu alma a medida que revisas los pasajes acerca del amor. Vive y enséñale a tu gente una y otra vez que el amor entre ellos surge naturalmente del amor de Dios. Muéstrales que el amor es un don que debe de ser recibido de parte de Dios y ser pasado a la gente a su alrededor. Trata de construir una atmósfera espiritual en tu iglesia que cumpla con el desafío de Efesios 5:2: "Y andad en amor, como también Cristo nos amó, y se entregó a sí mismo por nosotros, ofrenda y sacrificio a Dios en olor fragante".

Vuélvete una persona íntegra y sana

El carácter cuenta, y el carácter es el manantial de la conducta. Es probable que si tu congregación tuviera que escoger entre un pastor talentoso y un pastor santo, escogerían al pastor santo.

En esta época de disfunción sin precedentes y de quebranto, la iglesia a menudo se convierte en la última parada de las personas heridas, confundidas y acabadas. Y se convierte en un refugio bienvenido para ellos. Como resultado, muchas de estas personas encuentran una nueva vida en Cristo y comienzan a vivir una vida de nuevos comienzos. Pero en el proceso, algunos tienen un problema persistente o dos: un hábito, una herida, una debilidad o un pecado secreto. Si tú formas parte de ese grupo, haz lo que sea necesario para encontrar sanidad para esos puntos no resueltos y para esas heridas.

En tu camino a la integridad y a la salud, también necesitas depender completamente de Dios. Si tratas de ministrar en las fuerzas humanas, nunca podrás ser capaz de dar lo suficiente. Recuerda que como pastor, es eso extra en tu vida: la gracia, la presencia y el poder de Dios, lo que te hará victorioso y efectivo y lo que te ayudará a convencer a la gente de que lo que predicas es auténtico y verdadero.

Pablo lo dijo de esta manera: "Ninguno tenga en poco tu juventud, sino sé ejemplo de los creyentes en palabra, conducta, amor, espíritu, fe y pureza. Entre tanto que voy, ocúpate en la lectura, la exhortación y la enseñanza" (1 Timoteo 4:12-13).

Hazle un favor a tu congregación: trata de entenderte

¿Cómo piensas? ¿Cuáles son tus reacciones predecibles? ¿Cuál es la fuerza impulsora en tu vida? ¿Cuáles son tus motivos?

Entenderte a ti mismo es una clave importante para comprender a los demás. Cuestiona tus motivos a través de preguntarte: *¿Por qué hice eso?* Evalúa la manera en que diriges las reuniones. Supervísate en la manera en que gastas tu dinero; eso revela mucho acerca de tu carácter. Pregúntate si manipulas las tareas administrativas para salirte con la tuya y luego justificar tus acciones diciendo que fue la voluntad de Dios.

¿Recuerdas quién eras cuando fuiste llamado? ¿Recuerdas la manera en que Dios usó tu amor por Él para ayudarte a ver las necesidades de su mundo? ¡Qué momento tan definitorio para tu ministerio! Ese día, Dios te convocó a un territorio desconocido con la promesa de estar contigo, de facultarte y de amarte a pesar de todo.

Recordar su asombroso amor y cuidado puede ayudarte a mantener tu ministerio enfocado. Cuando la dimensión del amor parezca estar perdiendo combustible, evalúalo contra la realidad, y haz que tu amor vuelva a brillar. Esta es la evaluación contra la realidad: Dios te ama. La mayoría de las personas en tu iglesia (si no es que todas) te aman. Y tú te las arreglas para amarlas.

Abraza tu ministerio. Ama a las personas que Dios te ha dado para servirlas, y ellas te amarán de maneras que van más allá de tus sueños más altos.

Antes exhortaos los unos a los otros cada día,
entre tanto que se dice: Hoy; para qué ninguno
de vosotros se endurezca por el engaño del pecado.
—HEBREOS 3:13

CAPÍTULO 8

Ama a tu familia
todavía más

*Esta mañana, de la nada, mi esposa me llamó por teléfono
a la oficina y me dijo: "Gracias por amarme y por amar
a nuestra familia". ¡No estoy seguro que la haya
impulsado a hacer esto, pero definitivamente
alegró toda mi semana!*

—GENE, 34 AÑOS, ILLINOIS

Te vamos a decir algo que ya sabes: el trabajo de un pastor no es sencillo. La presión sobre las finanzas, la falta de privacidad, los sentimientos de aislamiento y un sentir de incompetencia son comunes entre los pastores. Estos agentes de estrés algunas veces también se extienden a sus familias. Un informe de la división de cuidado pastoral de Enfoque a la Familia reportó que en años recientes, la mayoría de las llamadas a su línea de ayuda tenían que ver con problemas matrimoniales, relaciones padres e hijos y el compromiso con el llamado pastoral. Un estudio no científico entre las esposas de los pastores en el sitio en la red de Enfoque a la Familia reveló sus preocupaciones acerca del poco tiempo que pasaban con su cónyuge y el efecto que podría tener en sus hijos la exposición a los conflictos de la iglesia. Los miembros de la familia pueden sentirse desatendidos y hechos a un lado por el trabajo con la iglesia. Además, si la vida espiritual del pastor es vacía y se lleva a casa los problemas del trabajo, las familias sufren. No solo el ministerio es difícil, sino que también puede ser dañino para la salud de los pastores y sus familias.

Si te identificaste con estas palabras, ¿qué puedes hacer? En realidad, una familia sana solo existe en la lista de deseos del pastor hasta que se vuelve una relación real, caracterizada por el amor y el trabajo duro de todos los que viven en ese mismo hogar. Lo que más se necesita es un compromiso entre tú y tu esposa de demostrarse amor y de demostrarles amor a sus hijos. Esto es esencial porque lo que tenga tu familia, sea bueno o sea malo, se le contagiará a tu iglesia.

Por supuesto. Como la mayoría de las cosas en la vida y en el ministerio, amar a tu familia es más fácil de decir que de hacer. Pero considera estos pasos prácticos que te pueden ayudar.

- *Habla.* Comunícate con tu cónyuge para que esté claro lo que cada uno de ustedes necesitan y desean. Habla también con tus hijos. Ayúdalos a saber que el amor entre ustedes es el fuerte adhesivo que mantiene todo unido en tu familia. Y diles a la gente de tu congregación que los puedes servir mejor cuando las relaciones en casa están bien. Hazles saber que quieres edificar y mantener un matrimonio y una familia fuertes, por ti y por tu ministerio hacia ellos. Las personas razonables honrarán y agradecerán que tengas esas prioridades.

- *Lucha por contentamiento en tu matrimonio.* Tanto tu ministerio como tu matrimonio florecerán cuando sientas amor incondicional por tu cónyuge. Estar casado con una persona contenta es mucho más divertido que estar sacando constantemente a la pareja del pantano de la frustración y el desaliento.

- *Mantén la lucha de los sexos fuera de tu relación.* La llamada guerra de géneros en la sociedad ha permitido actitudes cínicas y comentarios cáusticos en los hogares de muchos pastores. Mantén estas actitudes hostiles fuera de tu relación. Que tu preocupación más importante sea edificar tu propio gran matrimonio.

- *Busca soluciones y satisfacción.* Si quieres tomar un gran paso hacia adelante, necesitas tomar un trago de saliva, respirar hondo y mirar objetivamente tu matrimonio para identificar dificultades y posibilidades. Dios te dio el matrimonio para compañerismo, placer, procreación y gozo a largo plazo; asegúrate de no perderte del deleite y de la satisfacción que el quiere que experimentes. Quizá te podría ayudar escribir las innumerables bendiciones que el ministerio le ofrece al matrimonio.

- *Destruye la competencia entre el matrimonio y el ministerio.* Rehúsate a permitir que el ministerio y tu matrimonio estén en competencia. Ya que Dios enfocó el evangelio en la gente, las relaciones en el hogar del pastor se convierten en un microcosmos de la familia de Dios. Tu hogar es un lugar donde los miembros de tu familia pueden demostrarse amor, disfrutarlo e incluso probarlo. Cada instante, cada centavo o cada esfuerzo que inviertas en tu familia es una inversión en la salud de tu iglesia. La mayoría, si no es que todos los miembros de tu congregación, quieren que su pastor y su cónyuge sean un ejemplo del matrimonio cristiano.

- *Sé ejemplo de un gran matrimonio y de una gran familia.* Recuerda, la gente del mundo y los miembros de tu iglesia serán atraídos por la fe auténtica, la salud interna, la plenitud de los matrimonios y la solidez de las familias. Ya que lo anterior es verdad, ¿por qué no considerar edificar un matrimonio ideal como parte de tu compromiso de ser un ejemplo para la iglesia a la que sirves?

- *Cuenta tus bendiciones.* Acabamos de mencionar la idea de hacer una lista de las bendiciones que el ministerio le brinda a tu familia y a tu matrimonio. Tiempo flexible, oportunidades únicas para influenciar la vida de las personas, una gran familia que te ama (nuevos parientes espirituales), visitas especiales en casa (miembros de la iglesia que visitan la casa del pastor) y la oportunidad de participar en darle forma al ministerio futuro de tu iglesia son algunas de las que nos vienen a la mente. Aquilata esos privilegios y las demás bendiciones que tu situación particular provee. Habla de estas ventajas a menudo en casa con tu cónyuge y con tus hijos.

- *Tómate el tiempo para desarrollar tu matrimonio.* Algunos pastores y sus esposas encuentran útil apartar una isla de tiempo semanal para la intimidad espiritual, emocional y física en la que invierten tiempo juntos a solas para actualizarse en todas las dimensiones de su matrimonio.

- *Ve a tu familia a través de los ojos de tu iglesia.* Ve tu relación con tu esposa y con tus hijos a través de los ojos de tu iglesia. Pídele a los líderes de tu iglesia que te den una clase acerca de la familia y pon sus sugerencias en práctica. Considera a tu familia como un segmento viviente de una sociedad dirigida por ti.

La casa y las riquezas son herencia de los padres;
más de Jehová la mujer prudente.
—PROVERBIOS 19:14

PARTE 3

Amor de
siervo-pastor

El ejemplo que el Buen Pastor le dio a sus
seguidores fue, en primer lugar, el de un siervo:
la toalla, el lebrillo y una disposición sincera
de ser humilde (Juan 14); y en segundo lugar,
el de un supervisor que con cuidado mira
bien por su rebaño.

Así como el Padre me conoce,
y yo conozco al Padre;
y pongo mi vida por las ovejas.
—Juan 10:15

Señor,
dame un corazón de pastor como el de Jesús.
Quiero servir como el sirvió y dirigir como el dirigió.
La gente a la que dirijo a veces necesita la vara
de corrección y a veces el cayado de dirección.
Ayúdame a discernir la diferencia. Líbrame de la
mentalidad de jefe. Estoy agradecido por servir
como subpastor del Pastor. Gracias sean dadas a Dios.
Amén.

Atender el
rebaño

Hace casi un año estaba buscando una nueva iglesia.

Después de tres buenos años de ministerio en mi iglesia actual (la tercera en una serie de escalones), parecía que todo lo que estaba haciendo se estaba enfocando en pequeños detalles. Habíamos crecido un poco, lo suficiente como para haber contratado a medio tiempo a un director de adoración y estábamos buscando un pastor de jóvenes a tiempo completo.

De hecho fue la situación del pastor de jóvenes lo que me hizo pensar en irme a otra iglesia. Estaba buscando candidatos para el puesto y me encontré a mí mismo soñando con lo verde que sería el pasto si me dirigiera al proverbial lado opuesto de la cerca.

Creo que uno de mis talentos más fuerte es ser un visionario. El problema es que cuando uno es el que sueña en grande, uno comienza a verse como el gran jefe. Cuando yo quería que se hiciera algo, estaba convencido de estar en lo correcto, tanto, que exigía que las cosas se hicieran a mi manera.

Hace un año enfrenté algunos obstáculos. Verdaderamente deseaba contratar a un pastor asociado que me ayudara con lo que yo pensaba eran los detalles agotadores de la vida eclesiástica. Pero una madre de voluntad fuerte convenció a nuestro comité de que lo que en realidad necesitábamos era un pastor de jóvenes. "Convenció" es un terminó agradable; más bien esa señora obligó a la congregación a que contratara al pastor de jóvenes.

Cuando comencé a revisar los anuncios clasificados y a investigar en la red de nuestra denominación acerca de buenos pastores de jóvenes que estuvieran buscando un nuevo desafío comencé a ver los anuncios solicitando pastores principales. En el papel, las iglesias se veían mayores y mejores; y con toda certeza la gente apreciaría más mis dones y mis sueños que la congregación actual.

Pero sucedió algo gracioso. Cuando invitamos un par de candidatos a visitar nuestra iglesia, comencé a ver las cosas desde una perspectiva distinta. De hecho, cierto domingo llegué en mi coche a la iglesia; era como si nunca hubiera estado allí antes. Saludé a los tempraneros de siempre y me di cuenta de que eran personas vivas de carne y hueso: ¡el pueblo de Dios! Me reuní con el candidato a pastor de jóvenes en mi oficina y no pude dejar de presumir acerca de la gente de mi iglesia. ¡Incluso presumí a la señora que casi con una sola mano convenció a nuestra congregación de que necesitábamos un pastor de jóvenes!

Ese día me di cuenta de que durante esos años de ministrar a estas personas había perdido el sentido de lo que significa ser un pastor. Se me había olvidado lo que significa cuidar al rebaño. Y quizá lo más importante, se me había olvidado que Dios había confiado el rebaño a mi cuidado.

Una vez que terminaron los servicios de ese día, me quedé más tiempo en mi oficina solo para pasar unos minutos a solas con Dios.

Me encontré orando algo que me tocó tan profundamente que me he asegurado de pedirle lo mismo muchas veces a Dios desde entonces. "Dios, muéstrame lo que quieres que se haga mientras cuido de tu rebaño el día de hoy".

Desde entonces, la rutina de servir en este lugar se siente nueva cada día. Antes, pensaba que estaba siendo un buen pastor por hacer que mi visión se realizara. Ahora sé que ser pastor significa mucho más. A medida que atiendo a este rebaño, siento que las oportunidades son enormes y que los resultados serán eternos. ¿Cómo es que alguna vez me contenté con menos que eso?

CAPÍTULO 9

Llamado a ser un
siervo,
llamado a ser un
pastor

*Cuando fui llamado a ser pastor, me sentí como un hombre
marcado. El problema es que nadie más podía ver la marca
excepto Dios y yo. No obstante he disfrutado más de veinte
años de practicar el significado de ese maravilloso
encuentro con Dios.*

—ROBERT, 50 AÑOS, PENNSYLVANIA

¿Quién eres? Probablemente estás bien entrenado, eres competente
y tienes tus credenciales profesionales. Es probable que manejes un
coche de modelo reciente, vistas buena ropa y tengas una
preparación académica impresionante. Muchas personas te ven

como el profesional que eres, de manera semejante a un doctor, a un abogado, a un trabajador social o a un profesor. Mientras que esto suena espléndido, el peligro es que te vuelvas una persona más dedicada a tener una buena reputación en tu comunidad que a ser un discípulo hecho y derecho del Señor.

Hemos leído que algunos pastores están tan preocupados por el desarrollo de su carrera que cuando se les propone cambiarse a un nuevo lugar para ministrar, lo primero que viene a su mente son las cuatro claves: Paga, casa, prominencia del púlpito y prestaciones laborales.

Mientras que estos asuntos son preocupaciones legítimas, no pueden convertirse en los factores determinantes. Tu llamado como pastor debe de comenzar con cuestiones de obediencia, de servicio y de dirección de parte del Señor. Esa es la satisfacción de por vida de vivir tu llamado.

¿Entonces, cuál es tu llamado?

Llamado a ser un siervo

Jesús nos dio la mejor ilustración de lo que significa ser un siervo cuando dijo:

> Porque ejemplo os he dado, para que como yo os he hecho, vosotros también hagáis. De cierto, de cierto os digo: El siervo no es mayor que su señor, ni el enviado es mayor que el que le envió. Si sabéis estas cosas, bienaventurados seréis si las hiciereis. (Juan 13:15-17)

La humildad y el servicio van de la mano. De hecho es difícil saber si el servicio produce humildad o si la humildad motiva el servicio. Las dos van juntas, y parece imposible tener una sin la otra.

No existe un ejemplo más profundo de dirigir con humildad y de ser un siervo que el relato de cuando Jesús le lavó los pies a sus discípulos. Nosotros les llamamos a los que siguen el ejemplo de Jesús la Compañía de la Toalla. Comenzó en el corazón de Jesús en el aposento alto cuando les lavó los pies a sus discípulos. Para hacerse miembro de la Compañía de la Toalla no se requiere comprar alguna acción, pasar por una ceremonia de iniciación o ser recomendado por una alta personalidad. Simplemente comienza a través de hacer algo por otro en el nombre de Jesús.

Al tomar este tipo sencillo de acción, rechazas la noción ampliamente aceptada de que un solo individuo no puede afectar la sociedad. Una sola persona *puede* afectar a toda la sociedad, ¡incluyéndote a ti! De hecho, un científico social recientemente expresó la opinión de que la calidad de toda una cultura puede ser transformada si solo dos por ciento de la población tiene una nueva visión de lo que se necesita hacer y comienza a hacerlo.

El servicio, tal y como se expresa en las páginas de la Escritura, es el patrón máximo de Dios para encontrar plenitud. Los discípulos pensaban que la posición, el poder, la prominencia y la autoridad traían satisfacción. Pero Jesús les enseñó una manera completamente distinta de encontrar la verdadera grandeza y plenitud cuando dijo: "El que es el mayor de vosotros, sea vuestro siervo" (Mateo 23:11). No te pierdas de la plenitud tridimensional: una acción útil que llevas a cabo por otro ser humano, una ofrenda a Dios y un favor de satisfacción que te das a ti mismo.

El ministerio puede ser especialmente emocionante cuando una gran causa te consume. Esta idea fue capturada por el estadista británico James Bright: "Necesitas ligarte a una gran causa; quizá nunca hagas mucho bien para la causa, pero la causa te hará bastante bien".[1]

Cuando Jacobo y Juan solicitaron un lugar de autoridad, Jesús utilizó palabras agudas para explicar un principio del Reino: "Mas entre vosotros no será así, sino que el que quiera hacerse grande entre vosotros será vuestro servidor, y el que quiera ser el primero entre vosotros será vuestro siervo; como el Hijo del Hombre no vino para ser servido, sino para servir, y para dar su vida en rescate por muchos" (Mateo 20:26-28).

La autoridad y el servicio están ligados permanentemente. En todos los niveles de la vida de la iglesia, los líderes genuinos son siervos. Nuestro Señor entrelazó la verdadera grandeza con el camino real del servicio. Por lo tanto, el verdadero líder cristiano tiene un deseo por servir; una actitud que tanto la Iglesia como el mundo encuentran atractiva.

Llamado a ser un pastor

Jesús también nos brindó un patrón de lo que significa ser un pastor. En Juan 10, Jesús habló de un pastor y de su rebaño.[2]

Consideremos tres cualidades de un pastor. Primero, un pastor vigila constantemente a sus ovejas. En la época bíblica, un pastor nunca descansaba de su trabajo: vivía con sus ovejas. Incluso en la actualidad, un buen pastor siempre satisface primero las necesidades de sus ovejas antes que las necesidades o deseos propios.

Segundo, un pastor practica el amor paciente. Conoce a sus ovejas y las ovejas conocen al pastor. El pastor hace lo que puede por ganarse la confianza de sus ovejas. Jesús explicó: "[...] las ovejas oyen su voz; y a sus ovejas llama por nombre, y las saca [...] va delante de ellas; y las ovejas le siguen, porque conocen su voz" (Juan 10:3-4).

Tercero, un pastor exhibe valentía incondicional. Guarda a sus ovejas en contra de amenazas como animales salvajes y ladrones. "Yo soy el buen pastor; el buen pastor su vida da por las ovejas" (Juan 10:11).

En la conocida conversación entre Jesús y Pedro, Jesús utilizó la analogía de cuidar de las ovejas (ve Juan 21). Le preguntó a Pedro tres veces: "¿Me amas?". Tres veces Pedro respondió: "Tú sabes que te amo". Cada vez el Señor le dio una instrucción clara que finalmente le dieron forma al ministerio de Pedro: "Apacienta mis corderos", "Pastorea mis ovejas", "Apacienta mis ovejas" (versículos 15-17).

Más tarde, después de años de crecer en su alma y de madurar en su ministerio, Pedro les testificó a los pastores de todas las generaciones incluyendo la nuestra: "Apacentad la grey de Dios que está entre vosotros, cuidando de ella, no por fuerza, sino voluntariamente; no por ganancia deshonesta, sino con ánimo pronto" (1 Pedro 5:2).

Tu amor por Dios se mide por lo bien que las ovejas bajo tu cuidado son cuidadas y apacentadas.

Vive tu llamado

Quizá ya hayas escuchado la declaración sencilla de John Frye: "Pastorear significa llevarles a Dios a la gente".[3] Esto significa trasladarse del mundo del estudio y de la predicación al mundo de ayudar a las personas estresadas y cansadas para que experimenten Emmanuel: Dios con nosotros. Considera estas estrategias sencillas y prácticas para llevarle a Dios a tu gente.

Examina tu corazón para ver si Dios puede confiarte más gente

Conocemos a un pastor con una congregación de mentalidad misionera. Su iglesia ayudó a resucitar una iglesia moribunda en un pueblo aledaño por medio de donar personas, oración y cariño. Además, la iglesia donó dinero y envió equipos de trabajo para restaurar las instalaciones de la otra iglesia. Cuando le preguntamos qué sintió durante esas primeras semanas cuando la gente que enviaron a la otra iglesia se fue, respondió: "El Señor nos ha ayudado a reponer las personas que dimos".

Medita en este otro pensamiento revelador que el pastor nos dio: "Creo que Dios le da a una iglesia la cantidad de gente que puede confiar que puede cuidar". Si está en lo correcto, la eficacia de tu evangelismo esta determinada por lo menos parcialmente por la calidad del cuidado pastoral que puedes brindar.

Conoce a todas las personas que puedas de tu iglesia

En las iglesias chicas y medianas, conocer a todas las personas que puedas significa conocerlos a todos. Saluda a la gente antes de la reunión, después de la reunión y en los tiempos de convivencia. Al conversar, no temas añadir un toque pastoral como: "¿Y cómo te está yendo espiritualmente?", "Estuve orando por ti esta semana" o:

"Cuento contigo para que ores por mí mientras predico esta mañana". Míralos a los ojos y tócalos estrechando su mano, poniendo tu mano sobre su hombro o dándoles abrazos apropiados.

Utiliza el teléfono con creatividad

Hazte el hábito de llamar a diez personas diario; puedes lograrlo en aproximadamente treinta minutos. Si te contesta la máquina, expresa tu cuidado con un comentario como: "El Señor te trajo a mi mente esta mañana y solo quería decirte que he estado orando por ti hoy".

Si sabes que algunos de ellos están en el trabajo, llámalos a su trabajo. Comienza la llamada con un saludo como: "Estaba pensando en ti en la mañana. ¿Tienes un minuto para que ore brevemente por ti en este momento?".

Escribe una nota

La gente siempre lee el correo de primera clase escrito a mano. Una nota escrita a mano afecta positivamente al receptor más allá del esfuerzo que requirió escribirla. Trata de escribir por lo menos diez notas breves el domingo en la tarde para agradecerle a la gente por su participación en esa mañana. No te sorprendas si algunas personas guardan esas notas durante años. O si te preocupa la velocidad, puedes escribir docenas de notas "personales" en poco tiempo a través de copiar y pegar el mismo texto en varios mensajes de correo electrónico y personalizarlos por medio de cambiarles solo algunas palabras.

Ponte en contacto con todos regularmente

Con un poco de esfuerzo organizado, tu iglesia puede contactar a todos sus miembros una vez al mes. Puedes lograrlo incluso si pastoreas una iglesia grande. Cierta iglesia en California creció rápidamente a más de quinientos miembros activos porque utilizó un sistema de contacto telefónico en su iglesia. Todos, tanto miembros como prospectos, recibían una llamada cada sábado.

Utiliza el efecto multiplicador

Ponte en contacto directamente con los visitantes y otros prospectos y diles: "Estoy en el ministerio de ayudar a tantas personas como me sea posible. ¿Conoces a alguien que necesite un pastor para que los ayude y ore por ellos?". Cuando te mencionen a alguien que necesite ayuda, prepárate para seguir esa pista. A menudo, antes de que la conversación termine, van a admitir que tienen una necesidad personal. Asegúrate de darles tu tarjeta para que puedan llamarte cuando piensen que otras personas te necesitan.

Te va a sorprender como llevar a Dios a la gente va a renovar y a satisfacer tu corazón de siervo-pastor.

Apacentad la grey de Dios que está entre vosotros,
cuidando de ella, no por fuerza, sino voluntariamente;
no por ganancia deshonesta, sino con ánimo pronto;
no como teniendo señorío sobre los que están a
vuestro cuidado, sino siendo ejemplos de la grey.
—1 PEDRO 5:2-3

CAPÍTULO 10

Con un talento único
para el ministerio

*De vez en cuando quedo atrapado en la trampa de comparar
mi ministerio con las iglesias más grandes de la ciudad;
e incluso con las mejores del país. Pero entonces
me doy cuanta de que Dios me ha dado un rebaño
maravilloso que cuidar para Él, y que tengo el
llamado más grande del mundo.*
—KEVIN, 39 AÑOS, TEXAS

Dios es sorprendentemente creativo. Aunque Él diseñó un plano maestro para cómo los pastores deben de relacionarse con su congregación como siervos y pastores, no produjo pastores en serie. De hecho, le encanta la variedad.

Dios te hizo diferente de cualquier otro ser humano. Dios te creó para que sea una persona única que Él pueda usar en una manera especial. Él no quiere que imites a alguien más. Más bien, Él quiere que te rindas a su voluntad y a su propósito de manera que Él te pueda ayudar a lograr cosas importantes para su Reino.

Hay un comercial de televisión en el que les preguntan a cuatro niños qué quieren ser cuando sean grandes. Uno responde: "Quiero ser bombero". Otro dice: "Quiero ser doctor". El tercero dice. "Quiero ser una estrella del básquetbol". Y el cuarto responde: "Yo quiero ser yo mismo".

Piensa en lo que está detrás de esa última respuesta. Como pastor, debes de aquilatar tu singularidad y no tratar de copiar a nadie más. Pero, ¿cómo lo puedes hacer en la práctica? Aquí te damos algunas ideas que puedes considerar.

Cultiva tu singularidad

Cuando Dios te creó, armó el plan de un ministerio particular para ti. Él quiere que hagas algo especial para Él; algo que nadie más podría hacer tan bien como tú. Quizá te sorprenda escuchar que es probable que Él quiera que lleves a cabo tu ministerio justo donde lo estás sirviendo en este momento. Nadie más es capaz ni tiene el talento para lograr lo que Dios ha planeado para ti.

Dios cree en tus talentos tanto que ha escogido la riesgosa estrategia de cambiar este mundo a través de ti.

Te da una libertad inmensa para descubrir cómo utilizar los dones que Él te ha dado. Él pone deseos únicos en tu corazón, y luego te los concede. El salmista lo dijo muy bien: "Deléitate asimismo en Jehová, y él te concederá las peticiones de tu corazón" (Salmos 37:4).

Si no te conectas con los talentos que Dios te dio, te vas a sentir aburrido e insatisfecho. Cuando fallas en utilizar tu capacidad única, tanto el Reino como tu congregación sufren. Los resultados son que tu ministerio es menos efectivo y tu le niegas a tu congregación los dones que Dios tenía el propósito que usaras en tu ministerio.

La excelencia trae satisfacción

Dios quiere que des lo mejor de ti en tu ministerio, cuando no lo haces, estás dando una imagen pobre de Dios y de su Reino; sin mencionar a tu congregación y a ti mismo.

¿Por qué no darle a Dios tu excelencia junto con tu fidelidad? Él multiplica la satisfacción de aquellos que hacen bien su trabajo. Hacer menos de lo que puedes dar es un hábito, pero puedes convertir en un hábito también darle a Dios tu excelencia. Realizar bien tu ministerio producirá un impacto increíble para la causa de Cristo, además de que te traerá una emoción indescriptible.

Date cuenta de que no eres perfecto

¿Alguna vez has jugado al juego de la perfección? Es un juego que te puede paralizar con exigencias autoimpuestas, provocando que te sientas como si tuvieras que actuar como si lo supieras todo o pretender ser más piadoso de lo que eres en realidad. Cuando te enfrentas con una situación en la que no tienes experiencia o para la que no se te ha entrenado, fanfarroneas a lo largo de todo el camino para dar una buena impresión. Tristemente, el juego suele vencerte, erosionando tu autoconfianza y drenando tu satisfacción.

Por supuesto, la realidad es que nadie puede ministrar a la perfección todo el tiempo. Cuando admites tus debilidades frente a la congregación, quizá te sorprendas al encontrar que ellos simplemente van a ignorar tus defectos encogiéndose de hombros. De hecho, se sentirán aliviados de saber que tú también eres un ser humano. Pretender ser perfecto solo te va a agotar. Cuando estás cansado y exhausto, eres incapaz de evaluar tu trabajo y tus ideas con precisión. Por lo tanto, sin intención, creas una fantasía de quién eres, lo que tu iglesia puede ser y lo importante que eres para tu iglesia.

Hay una línea muy fina por la que debes de caminar mientras sirves. Tu intención debería de ser llevar a cabo el mejor trabajo que eres capaz de hacer en el momento. Sirves a las personas en necesidad en el nombre de Jesús. Tanto la gente como el Señor se merecen y necesitan lo mejor de ti. Por supuesto, tú entiendes que tu mejor esfuerzo nunca será lo suficiente sin la ayuda del Espíritu. Sin embargo, nunca estarás satisfecho de servir a medias solo porque no lo puedas hacer a la perfección.

Desafíate a ti mismo a enfrentar tu falta de experiencia, tus debilidades y tu necesidad tóxica por ser perfecto. Lleva todo eso con el Señor. Recuerda que Él te ha dado todos los talentos, dones, habilidades y experiencias para florecer en el ministerio para el que te ha llamado.

Sigue creciendo en el ministerio

Además de comprender que Dios te ha dotado de manera única para servir justo donde te encuentras, date cuenta de que todavía no has llegado a la meta. Incluso el apóstol Pablo admitió que tenía mucho que aprender cuando escribió:

> No que lo haya alcanzado ya, ni que ya sea perfecto; sino que prosigo, por ver si logro asir aquello para lo cual fui también asido por Cristo Jesús. Hermanos, yo mismo no pretendo haberlo ya alcanzado; pero una cosa hago: olvidando ciertamente lo que queda atrás, y extendiéndome a lo que está delante, prosigo a la meta, al premio del supremo llamamiento de Dios en Cristo Jesús. (Filipenses 3:12-14)

Para maximizar el potencial espiritual personal de tu ministerio, predícate cada sermón antes de predicárselo a los demás. Enseña cada lección sabiendo que estudiar esas ideas te va a hacer más semejante a Cristo. Ofrece cuidado pastoral bajo la suposición de que vas a aprender mucho de Dios al verlo actuar en las experiencias de la gente necesitada. Conduce el trabajo administrativo de tu iglesia dependiendo de la dirección de Dios. Ve el ministerio como un encuentro vivo con Cristo en los problemas humanos y espirituales de la vida eclesiástica. Haz crecer tu propia alma a medida que trabajas con los misterios santos de la gracia que les ofreces a otros.

Apreciar tus propios talentos y aprovechar las oportunidades que Dios te da para crecer espiritualmente dará como resultado tu crecimiento profesional y una comprensión asombrosa de ti mismo. A medida que reflexiones delante del Señor acerca de la persona única ("Te alabaré; porque formidables, maravillosas son tus obras; estoy maravillado, y mi alma lo sabe muy bien"–Salmos 139:14) que

Él ha hecho que seas, lo que aprendas te ayudará a seguir creciendo profesional, emocional y espiritualmente. Y florecerás en tu servicio a Él y a tu congregación.

Presentándote tú en todo como ejemplo de buenas obras;
en la enseñanza mostrando integridad, seriedad,
palabra sana e irreprochable, de modo que el
adversario se avergüence, y no tenga nada
malo que decir de vosotros.

—TITO 2:7-8

CAPÍTULO 11

Eres un líder...
¡entonces lidera!

*Por primera vez en muchos años, pasé un día a solas
en cierto tipo de retiro espiritual personal. Leí todo el libro
de Hechos, y me sorprendió lo que Dios hizo a través de
personas sumamente ordinarias y que las haya hecho líderes
de la Iglesia. Le pedí que me limpiara de las veces en que
he tratado de hacer que las cosas sucedan sin su dirección
y que más bien me diera el poder del Espíritu Santo.
¡Ya estoy comenzando a ver cambios en mi ministerio!*
—JOHN, 44 AÑOS, MICHIGAN

Dios te llama al ministerio para que seas un pastor y un siervo de
tu congregación. Y te da los talentos únicos que necesitas para
cumplir con ese ministerio. Al mismo tiempo, te llama a que seas
un líder; algo que no debes de olvidar.

Tu iglesia necesita que seas un líder. Necesita que seas mucho
más que un santo que se presenta al trabajo, mantiene el
establecimiento y gasta el presupuesto. Más bien, tu iglesia necesita

un líder auténtico que establece y comunica la visión en cada nivel de la vida y del ministerio.

No todo el liderazgo comienza con recibir una posición importante, aunque mucho de ello comienza así. Una persona puede ocupar el puesto de pastor durante toda una vida sin siquiera ser un líder. Considera las siguientes maneras de convertirte en un pastor-líder genuino en tu iglesia.

Sé un líder saturado de Cristo

Ser un líder saturado de Cristo es un regalo maravilloso que te puedes hacer a ti mismo, a tu familia y a tu congregación. Un pastor enfocado en Cristo va a tener un ministerio más productivo, más gratificante y más atractivo. Piensa en lo que la abundancia del Espíritu Santo puede hacer en tu ministerio. Invade y enriquece cada pensamiento que tienes, cada decisión que tomas, cada emoción que sientes, cada acción que realizas, cada oportunidad que experimentas y cada reacción que tienes.

Para evaluar tu vida y tu ministerio como un líder saturado de Cristo, hazte con honestidad las siguientes preguntas:

- ¿Mi oración personal es la fuente de energía para mi predicación y mi servicio pastoral?
- ¿Practico el ayuno periódico de comida, deseos y actividades con el fin de enfocarme más en Cristo?
- ¿Soy más semejante a Cristo de lo que era hace seis meses?
- ¿Valoro a mis propios mentores espirituales y sirvo como mentor espiritual de otros?
- ¿Reviso la Escrituras para ver si la manera en que ministro, predico y enseño es bíblica?

- ¿Estoy comprometido con mi propio desarrollo espiritual tanto como con mi desarrollo profesional?
- ¿Mido mi ministerio con las historias detrás de los números?

Considera a la Iglesia y al mundo como dos salones de clases vivientes

Con el fin de incrementar tu competencia como líder, mantente alerta a la vida. Escucha con cuidado para obtener lecciones de liderazgo de personas de todos los niveles de la vida. Aplica lo que aprendas. Conoce a los pastores que están estableciendo pautas a seguir y adapta lo que aprendas a tu situación. Observa y pon en práctica las mejores ideas de los que están marcando el paso en los negocios y en el gobierno.

Como un líder orientado a los logros, vas a tomar lo que aprendas de la vida y lo vas a aplicar al ministerio. Como un pastor y líder imaginativo, vas a considerar con gusto cualquier concepto, actividad o principio que pueda mejorar tu ministerio. A medida que te preguntes a ti mismo como mejorar tu ministerio ayudarás a formular el futuro de tu iglesia.

Sé un apasionado corredor de riesgos

La renuencia a correr riesgos, el temor a explorar más allá de las fronteras y rehusarse a resurtir las herramientas del ministerio le pone grilletes a la obra de Dios. La Iglesia necesita más líderes con un espíritu innovador que diga "lo hago o me muero".

¿Qué te puede estorbar para intentar hacer grandes cosas para Dios? Cuando el temor te ataque hazte estas preguntas: *¿Qué es lo*

peor que podría suceder? ¿Qué probabilidades hay de que lo peor suceda?
¿Cómo puedo evitar que suceda lo peor? ¿Qué posibilidades tengo si no
corro el riesgo? ¿Cuál es el potencial de logro cuando estoy dispuesto a
correr un riesgo por la causa de Cristo?

Para mantener la valentía de tu liderazgo, haz estas seis pequeñas,
pero riesgosas oraciones. Te van a formar a la semejanza de Cristo, van
a exigir lo mejor de tus esfuerzos, van a revolucionar tu vida y te van
a guiar a llevar a cabo tu ministerio de una forma creativa.

1. Examíname.
2. Quebrántame.
3. Desafíame.
4. Guíame.
5. Úsame.
6. Llévame al frente.

Más allá de administrar, influenciar, dirigir, predicar, ministrar y
enseñar, como verdadero líder vas a desafiar a la gente a abrazar
esperanzas, a amar, a creer, a tener compasión, asombro, reverencia
y gracia.

Al echar mano de estos manantiales siempre frescos y
abundantes, puedes capacitar a la gente de tu congregación para que
sean seguidores devotos de Cristo.

Y cuando aparezca el Príncipe de los pastores,
vosotros recibiréis la corona incorruptible de gloria.
—1 PEDRO 5:4

Capítulo 12

Compañeros
de ministerio

*Hace un par de semanas, al pasar en el coche frente
a la iglesia para hacer una diligencia, Dios me recordó
a las personas que hacen de nuestra iglesia lo que es.
Estoy asombrosamente bendecido de tener tantas
personas que voluntariamente dan el paso de servir
conmigo en el ministerio.*

—Lynn, 56 años, Georgia

Para ser un líder necesitas tiempo para dirigir. Eso significa que con gozo y buena disposición vas a delegar muchas tareas del ministerio a otros en tu iglesia. Sin duda, tu iglesia será más sana espiritualmente cuando compartas el ministerio con miembros de la iglesia. Con ello, facultas a las personas de tu iglesia e incrementas su desarrollo espiritual y como consecuencia, se logra llevar a cabo más cosas en el ministerio.

No obstante, no les puedes delegar todas las actividades del ministerio a otros. No puedes florecer y crecer cuando solo coordinas y les asignas trabajo a los demás. No necesitas hacerlo todo (de hecho no puedes hacerlo todo); pero debes de hacer algo. Cuando ya no ministras a los demás de manera regular, falsificas un ingrediente clave del ministerio; renuncias a un vínculo espiritual satisfactorio entre ti y la gente de tu iglesia que no puede ser reemplazado de ninguna otra manera. Renunciar a esta conexión esencial significa darle la espalda a algo precioso y necesario para la realización personal.

Sin embargo, tu compromiso de mantenerte involucrado personalmente no les cierra a los demás las oportunidades de servir. La paradoja es seguir ministrando personalmente al mismo tiempo que permites que otros lo hagan también. Necesitas delegar y tu congregación necesita participar en las actividades de la vida diaria de la iglesia y en las oportunidades de ministrar.

Quizá suene un poco atemorizante pensar en pasarles a otros tantas actividades. Pero imagínate cómo se vería tu iglesia si cada miembro fuera un ministro verdadero. Si te gusta esa imagen y quieres facultar a la gente de tu iglesia para que sirva, puedes plantar estas tres semillas en su corazón:

1. *Cada quien tiene su lugar.* Dios ha preparado un lugar para cada persona en tu iglesia. Anima a la gente de tu iglesia a que espere delante de Dios y le pregunte qué es lo que quiere para ellos y dónde quiere que sirvan. Anímalos, como Jesús animó a Pedro, a que dejen sus redes (ver Lucas 5:4). Desafíalos a buscar el milagro que Dios tiene en mente para cada uno de ellos: "Antes bien,

como está escrito: Cosas que ojo no vio, ni oído oyó, ni han subido en corazón de hombre, son las que Dios ha preparado para los que le aman" (1 Corintios 2:9).

2. *Cada uno tiene un don.* Cada persona está particularmente capacitada para las oportunidades que Dios les da. Tu responsabilidad es ayudar a la gente de tu iglesia a descubrir su don o sus dones. Ínstalos a que nos se preocupen acerca del tipo o la cantidad de dones que tengan. Más bien, desafíalos a invertir tiempo en hacer lo que hacen mejor para que aprovechen al máximo cada oportunidad que Dios pone delante de ellos. Ayúdalos a equivocarse haciendo algo; ya que es mejor correr el riesgo de agotarse que el de oxidarse.

3. *Cada uno tiene un sueño.* Nos viene a la memoria una canción de los Cooper Brothers que dice: "El sueño nunca muere, sino el soñador". Con respecto a la gente de tu iglesia: tú no quieres ser el abortista de sueños. Más bien, anima a tu gente a ponerse en contacto con los sueños que Dios tiene para ellos. Recuérdales que si los sueños de Dios les parecen imposibles al principio, si realmente proceden de Él, Él abrirá el camino para que se hagan realidad. El mundo puede aplastar sus sueños; e incluso destruir algunos de ellos. Pero nunca puede llevarse el poder que produce que el sueño suceda en primer lugar. Recuérdales que el mundo va a jugar con sus sueños y que incluso los va a hacer pensar que no vale la pena soñar de nuevo. ¡Pero sí vale la pena! Ínstalos a que sigan soñando.

Cuando liberas y facultas de manera intencional a la gente para ministrar, tanto tú como la gente de de tu congregación van a descubrir algo sorprendente: El servicio brinda su propia satisfacción. Recompensa al siervo con crecimiento personal y desarrollo espiritual. La satisfacción del servicio lleva a la gente más allá de cumplir con un deber y ejecutar tareas a llevar a cabo algo que les encanta.

El verdadero servicio produce tres cosas importantes que necesitas demostrar en tu propia vida además de enseñárselas a la congregación: Primero, le agrada a Dios. Segundo, produce un impacto en los demás. Tercero, afila la espiritualidad del siervo.

El servicio satisfactorio es un benefició increíble adicional de la vida cristiana. Servir le da al siervo satisfacciones que no pueden ser encontradas en ningún otro lado. La mayoría de las personas en tu congregación nunca descubrirán este sorprendente beneficio adicional a menos que se los remarques o que les ayudes a descubrir la gratitud de alguna persona a la que sirvieron en el nombre de Jesús.

Así que, según tengamos oportunidad,
hagamos bien a todos, y mayormente
a los de la familia de la fe.
—GÁLATAS 6:10

PARTE 4

Constante
salvaguardas

Necesitamos estar alertas. Vestirnos de toda la armadura de Dios no es sólo una opción; es una necesidad si vamos a obedecer con éxito el mandamiento de nuestro Señor de resistir los varios ataques de Satanás.

Por lo demás, hermanos míos, fortaleceos en el Señor,
y en el poder de su fuerza. Vestíos de toda la armadura de Dios,
para que podáis estar firmes contra las asechanzas del diablo.
—EFESIOS 6:10-11

Padre de gracia, líbrame de la fascinación de lo prohibido,
de la seducción del pecado y de la ridícula necesidad de
impresionar a la gente. Dame una mentalidad sin mancha,
un corazón puro y una reputación digna. Por tu gracia,
ayúdame a vivir una vida de altura que te agrade
y que inspire a los que me has llamado a servir.
Amén

Para evitar
la ruina

Estoy buscando un nuevo empleo, y no va a ser en algún ministerio. Estoy enviando mis historiales profesionales y esperando que me llamen.

Hace apenas unos meses, estaba seguro en una nueva iglesia, pensando que pasaría muchos años sirviendo allí. Pero todo comenzó a desbaratarse cuando una situación de consejería se convirtió en una relación imposible de dejar. A medida que este asunto comenzó a salirse de control, supe que tenía que hacer algo drástico. Las cosas solo empeorarían si no me detenía rápida y decididamente. Me di cuenta de que el asunto podía llevar finalmente a la destrucción de dos familias, de una iglesia y de mi ministerio.

De hecho, pensé en la posibilidad de tener relaciones sexuales con la mujer que estaba aconsejando. Tenía miedo; miedo de mis propios sentimientos, miedo de decírselo a alguien, miedo de no decirle a nadie y miedo de lo que podría suceder si lo decía.

Una vez que hube considerado todas mis opciones y hube orado más allá de mis emociones, decidí llamar al supervisor de zona de mi denominación y decirle que estaba en problemas y arriesgarme al resultado que pudiera venir. Miré el teléfono durante una hora, luego comencé a marcar el número varias veces pero me detenía antes de terminar de marcarlo. De pronto marqué el número completo y él respondió al primer repique. "Al, soy Robert. Esta no es una llamada de rutina. Estoy en problemas".

Al contarle mi historia, me aconsejó que le dijera a mi esposa, con el fin de mantener el asunto dentro del círculo de las dos parejas y seguir adelante con lo que parecía ser un ministerio prometedor. Esa noche le dije a mi esposa y la "otra mujer" le dijo a su marido. Nunca voy a olvidar esa noche; parecía como si todo el infierno se hubiera desatado. Era claro que el asunto no se iba a quedar dentro del círculo de las dos parejas.

Hablé honestamente con el consejo directivo de la iglesia con un corazón arrepentido. Hice todo lo que sabía que tenía que hacer. Aceptaron mi disculpa y creyeron que Dios me había perdonado, pero sentían que mi capacidad para ministrar allí se había debilitado. Algunos dijeron que todavía me amaban pero que no podrían seguirme viendo como su pastor. Mi corazón se rompió. Yo amaba a estas personas.

Cuando considero todo lo que ha sucedido en los últimos meses, me siento totalmente perdido y sin dirección. Estoy incluso enojado, porque enfrenté la tentación sin cometer adulterio. No creo que sea justo que se me haya prohibido ver a todos mis amigos cristianos en este momento de tribulación. En ocasiones, cuestiono a Dios y me pregunto por qué tenemos que enfrentar estas dificultades financieras y la pérdida de mi autoestima cuando hice lo que pensé que era lo correcto.

Solo espero que mi historia pueda ayudarle a otro pastor a evitar la ruina y darse cuenta de lo alto del riesgo. Quizá pueda ayudarle a alguien a darse cuenta de que debe de evitar toda apariencia de mal. Antes de hacer algo por lo cual tengas que arrepentirte, considera el alto precio de una acción inapropiada. Podrías perder tu ministerio incluso por una sugerencia o una acusación.

Establece salvaguardas antes de que siquiera las necesites. Las decisiones acerca de cómo vas a brindar consejería se tienen que tomar mucho antes de entrar en una relación de consejería. En muchos casos, si te tienes que preguntar: *¿Estaré yendo demasiado lejos?* ya será tarde y será difícil regresar.

En estos días estoy confiando en dos promesas mientras me aferro a mi fe: "Los sacrificios de Dios son el espíritu quebrantado; al corazón contrito y humillado no despreciarás tú, oh Dios" (Salmos 51:17). "Sostiene Jehová a todos los que caen, y levanta a todos los oprimidos. Los ojos de todos esperan en ti, y tú les das su comida a su tiempo" (Salmos 145:14-15).

CAPÍTULO 13

La necesidad
de huir

Pase por algunos momentos de rebeldía hace unos años.
Un líder laico de mi iglesia tuvo la suficiente valentía
para preguntarme: "¿Y tú a quien le rindes cuentas?",
"¿Cómo está tu relación con Dios?",
"¿Tu fuerza proviene de Él?". Estoy seguro de que
Dios usó a ese hombre para salvar mi ministerio.
—DANIEL, 62 AÑOS, MAINE

Existe la posibilidad de que hayas escuchado de pastores o que incluso hayas conocido a pastores que no pueden o no quieren controlar impulsos destructivos en su vida. Pero ¿por qué alguien pondría en riesgo lo más importante por unos cuantos instantes de placer, poniendo la carrera, el ministerio, la familia y la reputación en riesgo?

La respuesta no es fácil, pero es bastante sencilla su explicación. Cuando estos pastores se enfrentan cara a cara con la tentación en su vida, cuando en el fondo de su mente escuchan *"¡Huye!"*, deciden no hacerlo.

¿Qué significa huir? Significa darte la vuelta y correr en la dirección contraria de algo que te está persiguiendo. Podría significar que estás en cierto tipo de peligro o que estás siendo perseguido por algo más fuerte que tú.

Es en estos momentos, cuando el diablo parece posarse en tu alma tratando de convencerte de que lo malo es bueno, que necesitas escuchar al confiable y familiar consejo del Espíritu Santo que te advierte: "¡Huye! ¡Corre tan rápido como puedas! ¡Aléjate! ¡No te quedes allí un minuto más!".

Considera los siguientes aspectos en los que la Escritura nos dice claramente que huyamos.

Huye de la inmoralidad

Primero, lee 1 Corintios 6:19: "¿O ignoráis que vuestro cuerpo es templo del Espíritu Santo, el cual está en vosotros, el cual tenéis de Dios, y que no sois vuestros?". ¿Sabías que Pablo escribió este pasaje con respecto a la inmoralidad o a la mala conducta sexual? Efesios 5:3 es como un eco: "Pero fornicación y toda inmundicia, o avaricia, ni aun se nombre entre vosotros, como conviene a santos".

Estas son palabras vitales que debes de recordar y obedecer cuando Satanás comience a susurrar tentaciones a tu oído. Sus susurros son el principio de una trampa. ¿Qué harías si de pronto te encuentras en una situación comprometedora al estar aconsejando a un miembro del sexo opuesto? ¿O si abriste un mensaje de correo electrónico y descubres que es una invitación a un sitio pornográfico? En estas situaciones ¿quedarías atrapado o huirías?

Huye de los ídolos

Pablo dio otra advertencia en 1 Corintios 10:11-14:

> Y estas cosas les acontecieron como ejemplo, y están escritas para amonestarnos a nosotros, a quienes han alcanzado los fines de los siglos. Así que, el que piensa estar firme, mire que no caiga. No os ha sobrevenido ninguna tentación que no sea humana; pero fiel es Dios, que no os dejará ser tentados más de lo que podéis resistir, sino que dará también juntamente con la tentación la salida, para que podáis soportar. Por tanto, amados míos, huid de la idolatría.

Esta es una advertencia difícil para los pastores porque no pensamos que la idolatría sea algo por lo cual debamos de preocuparnos. Creemos que somos lo suficientemente fuertes para resistir el ataque sobre nuestra fe. Pensamos: *No necesito huir de eso, soy lo suficientemente fuerte. Tengo lo necesario para contrarrestar esa tentación. Simplemente me voy a adaptar y a tomar el control.* Pero la verdad es que no somos más resistentes que los demás.

En este momento, quizá puedas pensar en tres o cuatro personas que conozcas que hayan renunciado a su fe y hayan regresado a sus viejos estilos de vida de rebelión. Quedaron atrapados en sus antiguos caminos. ¿Por qué? Porque no pensaron que estas reglas se aplicaban en su caso. Pensaban que eran lo suficientemente capaces para enfrentar las tentaciones que estaban enfrentando, pero fracasaron.

¡No puedes manejarlo! Por eso es que Pablo dijo que huyeras de la idolatría. No te quedes allí. No permitas que te afecte. Huye.

Escápate. "Sino que dará también juntamente con la tentación la salida, para que podáis soportar" (1 Corintios 10:13).

Huye del materialismo

Pablo también nos advirtió acerca del materialismo:

> Porque los que quieren enriquecerse caen en tentación y lazo, y en muchas codicias necias y dañosas, que hunden a los hombres en destrucción y perdición; porque raíz de todos los males es el amor al dinero, el cual codiciando algunos, se extraviaron de la fe, y fueron traspasados de muchos dolores. (1 Timoteo 6:9-10)

¿Qué es lo que provoca una actitud malsana hacia el dinero o el deseo de las cosas materiales? La idolatría de lo material puede llevarte a tomar malas decisiones acerca de un empleo adicional, endeudamiento, gastos, inversiones y ministerio. Puede destruirte cuando tienes poco, y puede quebrarte espiritualmente cuando tiene en abundancia. Se puede infiltrar en algunas áreas de tu vida un orgullo y una arrogancia por las cosas y llevarte a considerarte mejor que los demás a causa de lo que posees o controlas. El materialismo puede erosionarte o incluso destruirte.

Si no huyes de esto, Satanás va a hacer ondear signos de dinero y señales de poder delante de ti con consecuencias destructivas. El materialismo puede destruir tu motivación, tus prioridades y la persona que Dios tenía el propósito que fueras.

Huir no solo se trata de resistir la tentación sexual. Es darle la espalda a las cosas que contaminan nuestra mente y oscurecen los valores del Reino en los que invertimos. En este caso, la pasión por las cosas puede relegar a Dios a un estatus menor, y degradar el ministerio a un mero empleo en lugar de que sea un llamado.

Nuevamente, Pablo nos dio la ruta de escape: "Mas tú, oh hombre de Dios, huye de estas cosas, y sigue la justicia, la piedad, la fe, el amor, la paciencia, la mansedumbre" (1 Timoteo 6:11).

Huye de los malos deseos

Finalmente, Pablo nos advierte que huyamos de los malos deseos: "Huye también de las pasiones juveniles, y sigue la justicia, la fe, el amor y la paz, con los que de corazón limpio invocan al Señor. Pero desecha las cuestiones necias e insensatas, sabiendo que engendran contiendas" (2 Timoteo 2:22-23).

Pablo escribió que la amargura, el enojo, la ira, la gritería, la maledicencia, y la malicia pueden dominar tu corazón y destruir el tejido básico de quien eres (lee Efesios 4:31; 5:5). Te vas a convertir en algo con lo que no te sentirás cómodo; alguien a quien ni siquiera respetes.

Esta es la ruta de escape: "[...] sigue la justicia, la fe, el amor y la paz, con los que de corazón limpio invocan al Señor" (2 Timoteo 2:22).

La respuesta

La Escritura está llena de advertencias, pero como has visto, también te da las respuestas. Santiago escribió: "Someteos, pues, a Dios; resistid al diablo, y huirá de vosotros" (Santiago 4:7).

Cuando Satanás llame a la puerta (y lo va a hacer) va a usar todos los trucos en sus designios de seducción para destruir lo que Dios considera santo y puro. Cuando no le azotas la puerta en la nariz y huyes, le das al diablo un lugar; y en ese momento de reconocimiento inocente, puedes quedar atrapado.

¡Corre! ¡Huye!

Recuerda a Cristo, que fue a la cruz por ti. Piensa en el sacrificio que pagó por ti y su amor incondicional por ti. Él es el que te ha confiado el ministerio. Él te grita para que huyas. Corre tan rápido como puedas del maligno. Corre a la seguridad del cuidado de Dios, porque allí es donde está tu seguridad.

Cuando el mal te persiga, mira a tu alrededor. Porque también allí está la presencia amorosa de tu Padre Celestial que te promete:

> No os ha sobrevenido ninguna tentación que no sea humana; pero fiel es Dios, que no os dejará ser tentados más de lo que podéis resistir, sino que dará también juntamente con la tentación la salida, para que podáis soportar. (1 Corintios 10:13)

Sed, pues, imitadores de Dios como hijos amados.
—EFESIOS 5:1

CAPÍTULO 14

Credibilidad
y carácter

El otro día, cuando mi hijo de 10 años iba de camino a la escuela, me sorprendió el hecho de que está más allá de medio camino de convertirse en un adulto. Me di cuenta de que se merece un padre que sea ejemplo de un carácter piadoso para él; no sólo en las arenas públicas a donde me lleva el ser pastor, sino también en los rincones más oscuros y profundos de mi corazón.

—RICK, 43 AÑOS, ARIZONA

En teoría, todos los pastores deberían de cumplir con los estándares que Pablo le estableció a Timoteo en 1 Timoteo 3:2-3: "Pero es necesario que el obispo sea irreprensible, marido de una sola mujer, sobrio, prudente, decoroso, hospedador, apto para enseñar; no dado al vino, no pendenciero, no codicioso de ganancias deshonestas, sino amable, apacible, no avaro".

Pero en realidad, por supuesto, los pastores están sitiados. Como ya hemos señalado, muchos pastores batallan con tentaciones que no solo prueban su credibilidad sino también contaminan o destruyen su ministerio.

Mientras que los pecados sexuales de los pastores son los que salen en los encabezados de los periódicos, no son las únicas tentaciones del ministerio. Incluso las tentaciones acumulativas hacen que los pastores caigan presa fácil de las trampas éticas. Por ejemplo, el estrés en tu matrimonio puede provocar problemas. La soledad también te puede hacer vulnerable. Solemos escuchar de pastores que dicen que no pueden encontrar un amigo íntimo. Y la ausencia de sistemas que permitan rendir cuentas puede contribuir a los problemas de la tentación. Los llaneros solitarios espirituales necesitan amigos confiables que cabalguen a su lado.

Irónicamente, mientras tú te sientes solo en el ministerio, la gente de tu congregación te ha colocado en cierto tipo de pedestal sobrehumano. Esto significa que eres visto como cierto tipo de ganador si tu iglesia disfruta de vitalidad y crecimiento espiritual. Pero eres un perdedor si fallas en exudar entusiasmo constante y en atraer más miembros. Y mientras se supone que te debes de sentir energizado por el ministerio, algunas veces suplir las necesidades de otras personas agota tus recursos internos y produce sequía espiritual. Quizá ha habido ocasiones en que te has sentido traicionado por las mismas personas a las que sirves. Quizá miembros de tu iglesia han tratado mal a tu familia o han cuestionado lo que haces en tu tiempo libre.

Todas estas situaciones pueden producir fatiga. Quizá también puedas admitir que no eres inmune a las presiones que pueden llevarte a momentos de debilidad: milésimas de segundo en las que podrías ceder a la tentación ética o moral.

Estar al tanto de estas situaciones sugiere que deberías de ocuparte en desarrollar defensas en tu ministerio diario para prevenir una caída moral que pudiera evitar que disfrutes lo mejor de Dios para ti.

Basado en el carácter

El apóstol Pablo estableció un buen paso: "Así que, yo de esta manera corro, no como a la ventura; de esta manera peleo, no como quien golpea el aire, sino que golpeo mi cuerpo, y lo pongo en servidumbre, no sea que habiendo sido heraldo para otros, yo mismo venga a ser eliminado" (1 Corintios 9:26-27).

Tú y tu iglesia necesitan que sigas el bosquejo de Pablo, con el objetivo de obtener salud emocional y espiritual, brindar un servicio efectivo y terminar la carrera con fuerza. Las herramientas siguientes pueden ayudarte a alcanzar tus metas.

Sé moldeado por la Escritura

Como un auténtico seguidor de Jesús, te ves a ti mismo como siervo de Dios. Te ves a ti mismo como consiervo de Jesucristo, como pastor de la grey y como mayordomo de los asuntos de su Amo; que son metáforas bíblicas. Además, escuchas con atención lo que la Escritura exige y promete. Y deseas poner atención en servir bien al Señor en cada detalle de tu vida y de tu ministerio, no solo en tus predicaciones y enseñanzas.

Haz del ministerio un estilo de vida

Mientras que el ministerio es tanto una vocación como un llamado, también es una inmersión completa en una gran causa. Incluso aunque trates de alejarte de él, el ministerio siempre va contigo. Permanece en tu mente e invade tu tiempo libre. Como la paternidad, el ministerio nunca te deja; está allí día y noche, año tras año. Puedes aceptar con alegría este hecho o aceptarlo quejándote y llorando, pero aun así sigue siendo un hecho.

Considera el servicio cristiano como un regalo de Dios

El ministerio es semejante en cierta medida a un banco de tres patas. Primero, es algo que haces para Dios. Segundo, sirves para suplir una necesidad en la vida de alguien más. Y el tercer componente es fácil de ignorar: Sirves porque eres enriquecido personalmente en el proceso de servir a los demás. Así que predicas para Dios; pero cuando predicas, la Palabra te examina, y tu alma crece en el proceso.

Busca la perspectiva de Dios en tu misión

Cuando Dios te envía a algún lugar a servirle, Él ya sabe todo acerca de ese lugar. Y Él ya lo sabe todo acerca de tus habilidades, tu trasfondo y tu potencial. Cuando tomes una misión que parece estar en la voluntad de Dios, pregúntate a ti mismo y a Dios qué es lo que Él tiene en mente que logres en ese lugar. Entonces pregúntate porque querrías irte antes de haber cumplido el plan de Dios para ti en ese lugar.

Conoce tus fuentes de fortaleza

Tus fuentes de fuerza son la oración, la Escritura, la intimidad con Dios, un entrenador o mentor, la familia y un matrimonio satisfactorio. Todo esto debería de ayudarte a estar más fuerte, a ser mejor y a ser más útil para Dios. Edifica sobre los cimientos del compromiso, el carácter, la competencia y el contentamiento. Hay una buena posibilidad de que tú. Como cualquier otro pastor, tengas la necesidad de fortalecer uno o más de estos aspectos esenciales.

Vive más allá de los reproches

Vivir más allá de los reproches nunca restringe tu ministerio. Más bien, libera tu ministerio. Una vida irreprensible hace que el ministerio sea más fácil porque atrae a la gente a tu autenticidad. No le quita la aventura al ministerio, te da un corazón que puede estar sin nada de qué avergonzarse delante de Dios y sin remordimientos delante de la gente de tu iglesia.

Archibald Hart observó que cada expresión de integridad pastoral fortalecerá tu sensibilidad espiritual.

Una preocupación sana por la moralidad no es suficiente para mantener un ministerio de integridad. Cada pastor tiene la responsabilidad de desarrollar un código de ética personal hecho a la medida de sus circunstancias particulares.

El solo hecho de trabajar en desarrollar en este código personal comienza a sensibilizarlo a uno sobre temas importantes. Con el tiempo, se comienza a desarrollar un "sentido ético", una habilidad natural para juzgar si una acción tiene el potencial de convertirse en un problema.[1]

Una relación auténtica y actual con Dios es la base del poder pastoral que va a afectar cada fase de tu ministerio. Es la fuente de un carácter semejante al de Cristo, de un cristianismo gozoso, de un compromiso de por vida al ministerio y de una fe robusta.

Haz del carácter santo el cimiento de tu ministerio. Este carácter, al ser purificado y respaldado por Dios, ejercerá una atracción magnética en la gente de tu iglesia, de tu hogar y de tu comunidad.

*Hermanos míos, tened por sumo gozo cuando
os halléis en diversas pruebas, sabiendo que la
prueba de vuestra fe produce paciencia.*

—SANTIAGO 1:2-3

CAPÍTULO 15

Estrategias para guardar tu corazón

Quiero que lo que pienso y hago sea tan visible para Dios y tan moldeado por Él que nunca sea acusado de nada inapropiado, que la gente de mi iglesia pueda decir: "Sus altos estándares de conducta evitan que sea capaz de proceder de esa manera; es incapaz de hacer lo que dices".
—Mike, 51 años, Ohio

Así como el ejercicio físico es esencial para el acondicionamiento y la resistencia de un atleta estrella, el ejercicio mental, emocional y espiritual también es imperativo para ti como pastor. Acondicionarte en estos aspectos va a facultarte para cumplir con las exigencias que prueban tus límites.

Un pastor sumamente estresado comprendía las presiones del ministerio como esta declaración lo evidencia: "El ministerio a veces se siente como ser perseguido por un dóberman hostil".

Gracias a Dios, Él promete venir a tu lado para fortalecerte y llenar de poder tu ministerio. Tratar de ministrar en tu propia fuerza no va a lograr mucho. Pero cuando le permites a Dios que venza los obstáculos en tu vida, te va a fortalecer sobrenaturalmente.

¿Cómo puedes practicar cualquier tipo de acondicionamiento en medio de una vida atiborrada de actividades y un ministerio súper ocupado? Comencemos con algunas estrategias personales para guardar tu corazón.

Vive por un código de integridad

Desarrollar un código personal de integridad comienza cuando te comprometes a seguir normas autoimpuestas que te brindan un sentimiento de control moral de tu vida. Este código se entreteje en ti. Cuando vengan las pruebas y las tentaciones (y lo harán) nunca tendrás la necesidad de reconsiderar, negociar o fantasear en ceder. Un código de integridad desarrolla una conducta sana en los tejidos de tu vida antes de que la tentación aparezca.

No practicas la integridad para proteger tu imagen pública, tranquilizar a tu esposa, impresionar a tus hijos o para convencer a tu iglesia de tu santidad personal. Mientras que un código de integridad puede lograr todo lo anterior, es un compromiso personal contigo mismo y con Dios de que serás lo que dices que eres.

Un buen lugar para comenzar a desarrollar tu propio código de integridad comienza con la misma pregunta que un colega o un amigo te podría hacer en una relación en la cual rindes cuentas (regresa al Capítulo 4 de este libro).

Mantén tu resistencia

¿Recuerdas Santiago 4:7? Dice: "Someteos, pues, a Dios; resistid al diablo, y huirá de vosotros". En el contexto de este versículo, Santiago promete que Dios le dará gracia al humilde (v. 6). Después Santiago escribió que si nos sometemos a Dios y nos acercamos a Él, entonces Él se acercará a nosotros (v. 7-8). Finalmente, Santiago nos instruye a que si nos humillamos delante de Dios, Él nos levantará (v. 10).

Mantenerse cerca del Padre aumenta la resistencia. Cuando mantienes alta tu resistencia espiritual Satanás no puede vencerte (lee 1 Juan 5:18). Aunque el diablo es fuerte no es invencible. Como Jesús lo demostró en su tentación, el diablo huye cuando es confrontado con la Palabra de Dios y con una resistencia sin la intención de rendirse de parte de la persona que está siendo tentada (ver Mateo 4:1-11).

Mantener la salud espiritual requiere que te expongas al mínimo a los virus y gérmenes del pecado. Guarda tu distancia de las fuentes infecciosas. Cuida con quien andas. Filtra lo que ves en la televisión con los valores de Dios. Ten cuidado con lo que lees y ves en la red.

Cuando la tentación aparezca, recurre a la Palabra de Dios para renovar tu resistencia. Pídele ayuda a tu compañero a quien rindes cuentas. Y si estás casado, pídele a tu cónyuge que ore por ti.

Controla tu apetito

Controlar tu apetito significa comprometerte a no volverte víctima de tus glándulas o esclavo de la seducción. Significa permitirle al poder de Dios que te guarde del pecado sin sentido y de la estupidez. ¿Qué pastor en sus cinco sentidos escogería la infidelidad en lugar de la vida de cariño y satisfacción íntima que se encuentra en el matrimonio?

Haz un compromiso hermético de proteger tu matrimonio. Esto significa ser completamente cristiano en tus pensamientos, tu conducta y tus influencias (incluyendo el apoyo emocional de tu familia). Vigila tu conducta y realinéate constantemente con los propósitos de Dios. Tu meta es tener motivos puros y un carácter santo.

Lucha por guardar el equilibrio

Creemos que existe una correlación directa entre el agotamiento total y el fracaso moral entre los pastores. En un programa de radio, después de que el doctor en psicología, James Dobson, describió los innumerables papeles que representa un pastor promedio advirtió: "El pastorado está diseñado para el agotamiento, está diseñado para la fatiga y está diseñado para tener problemas".

Tiene razón. La fatiga, el agotamiento y la frustración en el ministerio pueden hacer que un pastor sea más vulnerable a caer presa de caídas morales. Si te estás sintiendo cansado, estás trabajando demasiadas horas, sientes compasión de ti mismo, si te preguntas si tu trabajo vale la pena o si ya no estás orando, es fácil que bajes la guardia.

Necesitas practicar el equilibrio por ti mismo; nadie más te va a obligar a hacerlo. Estas son algunas ideas útiles para equilibrar tu tiempo:

- *Horario de trabajo.* Guarda un horario de trabajo regular para que tus rutinas en el trabajo y el tiempo que pasas en casa sea predecible. Cuando surjan conflictos resuelve la crisis y adapta tu horario de manera que tu cónyuge y tus hijos no se queden fuera de tu tiempo y de tu atención.
- *Familia.* Programa tiempo con tu familia como cualquiera otra prioridad del ministerio. Establece una noche a la semana para salir con tu cónyuge y programa un tiempo semanal con cada uno de tus hijos. Los años van a pasar a la velocidad de la luz con tus hijos, y puedes perderte mucho de ello antes de que te des cuenta.
- *Prioridades.* Permite un espacio en tu horario para darle prioridad a lo que generalmente no la tiene. Las prioridades fijas pueden producir conflictos fuertes. Intenta tener libre un día a la semana para ponerle atención a aquello que no es prioritario, pero que exige tu tiempo. Aunque quieras que Dios siempre tenga el primer lugar, van a haber momentos en los que vas a tener que dedicarle una buena cantidad de tiempo a tu matrimonio, a tu familia o a una crisis en tu iglesia.

Guardar el equilibrio en el ministerio es una aventura de por vida. Ted Engstrom, presidente de muchos años de Visión Mundial, señaló: "Para que un líder llegue a la excelencia, necesita encontrar intereses y distracciones en su vida fuera del trabajo. No solo debe de proveer materialmente para su familia, sino también darles mucho de sí mismo".[1]

Aunque rara vez se logra el equilibrio, el simple acto de procurarlo cada día y cada semana va a hacer que tu vida sea más equilibrada de lo que sería sin un plan.

Pero fornicación y toda inmundicia, o avaricia, ni aun se nombre entre vosotros, como conviene a santos.

—EFESIOS 5:3

CAPÍTULO 16

Cómo los demás pueden ayudarte a guardar tu corazón

Soy padre, esposo y pastor principal, además de muchas otras responsabilidades que también tengo. Algunas veces me siento como si estuviera en piloto automático; especialmente con respecto a la intimidad con mi esposa. La semana pasada salimos a comer, hablamos largo rato y decidimos hacer mejoras en nuestra relación. Por ejemplo, ¡vamos a salir juntos una vez a la semana sin importar la ocasión!

—JAKE, 37 AÑOS, MINNESOTA

En el capítulo anterior, hablamos de algunas estrategias para que los pastores que están demasiado ocupados puedan practicar cómo mantenerse en excelente condición espiritual. Vamos a continuar con algunas estrategias para guardar tu corazón en las que otros te pueden ayudar.

Pide ayuda

Por supuesto, el primer paso en cualquier situación problemática es aceptar que necesitas ayuda. No obstante, este paso no solo se aplica a los problemas. De hecho, buscar ayuda mucho antes de que las tentaciones surjan te va a permitir establecer relaciones con gente piadosa que va a estar preparada para ayudarte a atravesar los momentos más difíciles.

· Además, en muchos lugares en la actualidad, puedes encontrar buena ayuda con estándares bíblicos para las tentaciones sexuales, relaciones dañinas y cualquier otro problema que estés enfrentando. Elabora un directorio de ministerios paraeclesiásticos, servicios de consejería cristiana, colegas pastores bien entrenados y dignos de confianza, así como de servicios de consejería de tu denominación. Este es un buen ejercicio para encontrar ayuda cuando un miembro de tu congregación lo necesite y te puede ayudar a ti si es que alguna vez te encuentras abrumado por la tentación.

Cultiva una relación en la cual rindas cuentas

Ya dijimos lo importante que es tener un compañero a quien rendirle cuentas. Recuerda que debe de ser alguien al que le hayas dado permiso de preguntarte acerca de tu relación con Dios, de tu vida de oración, de tu matrimonio y tus obligaciones para con tu familia. Esta relación es un compromiso entre tú y otra persona del mismo género para buscar una llenura de poder especial de Dios en sus ministerios y en sus familias respectivas.

Este tipo de relación de pacto se basa en la confianza mutua. Tú y tu compañero a quien rindes cuentas deben de comprometerse a orar por el otro de manera regular; por lo menos a diario. Reúnanse por lo menos una vez cada quince días para tener un tiempo juntos. Entre una reunión y otra, manténganse en contacto con llamadas telefónicas de ánimo, mensajes electrónicos y notitas por correspondencia ordinaria.

Esta relación puede ser sencilla. La clave de su eficacia es tener una relación donde rindes cuentas en la que ambos estén dispuestos a decir: "Creo tanto en ti que te voy a permitir que sepas realmente quién soy en Cristo".

Mantén vivas las llamas del hogar

Aunque pocas veces se habla de este tema, sin saberlo, los pastores y sus cónyuges a menudo llevan las frustraciones sin resolver de la intimidad de su alcoba al ministerio. Cierta esposa de un pastor dijo: "Mantengo una guerra fría de desconsideración y pequeños actos terroristas porque mi esposo coquetea con otras mujeres en la iglesia y nunca satisface mis necesidades físicas en casa".

Cierto pastor escribió:

Mi esposa y yo hemos tenido aventuras emocionales con personas de la congregación. Podríamos haberlo evitado con suma facilidad si hubiéramos buscado ayuda para resolver nuestras necesidades de afecto y cariño en casa. Ella necesita más ánimo y afecto de mi parte, y yo necesito más gratificación sexual de su parte.

Esperamos que estos individuos representen una minoría. No obstante, para prevenir este tipo de problemas se requiere una mayor preocupación por las necesidades de cada cónyuge. La frecuencia y las técnicas sexuales no son tan importantes como la satisfacción mutua y la disposición de agradar al otro.

Una forma de enriquecer tu matrimonio es poner por escrito su pacto matrimonial. Aunque ninguna lista sugerida puede funcionar tan bien como una que elaboren tú y tu cónyuge, esta lista de muestra puede ser un buen punto de partida para establecer y mantener un matrimonio sano.

- Dios siempre será el invitado de honor en nuestra casa.

- Trabajamos en equipo en el ministerio.

- Estamos comprometidos de por vida.

- Nunca cerraremos la puerta a la comunicación.

- Nos daremos tiempo para satisfacer las necesidades emocionales y sexuales del otro.

- Nos vamos a animar mutuamente para desarrollar nuestros dones individuales.

Las formas en que guardes tu corazón; tanto las personales como con la ayuda de los demás, pueden ayudarte a protegerte a ti, a tu matrimonio y a tu ministerio al guardarte de hacer algo barato, cuestionable o inmoral.

Estas estrategias te pueden ayudar a vivir irreprensiblemente. Van a agradar a Dios, a legitimar tu ministerio en la mente de las personas de tu congregación, a darles seguridad a tu cónyuge y a tu familia, y a generar una gran satisfacción en ti mismo.

"Huye también de las pasiones juveniles,
y sigue la justicia, la fe, el amor y la paz,
con los que de corazón limpio invocan al Señor"
—2 TIMOTEO 2:22

❧

PARTE 5

Experiencia
íntima con Dios

Entre más profunda es la relación de la persona
con Dios a través de su Hijo, Jesús, tendrá más éxito
en vivir una vida irreprensible y en ser "ejemplo de
los creyentes en palabra, conducta, amor, espíritu,
fe y pureza" (1 Timoteo 4:12). Una relación íntima con
Él es lo que hace que todo sea posible.

Acercaos a Dios, y él se acercará a vosotros.
Pecadores, limpiad las manos; y vosotros los de
doble ánimo, purificad vuestros corazones.
—SANTIAGO 4:8

Padre santo y Cabeza de la Iglesia, dame pasión por tu presencia.
Ayúdame a vivir y a servir de tal manera que tenga tu mente
y haga tu voluntad. El ministerio sin ti es frustrante y aburrido.
El ministerio contigo es toda una aventura que me llena.
Prefiero la aventura y la plenitud. Amén.

Deléitate en
Dios

Yo era uno de esos pastores que siempre querían estar un paso adelante, y asistía a todos los seminarios que mi iglesia o yo podíamos pagar (y algunos no podíamos pagarlos).

Yo soñaba despierto con convertirme en Chuck Swindoll, en Bill Hybels o en Rick Warren. Pasaba horas en mi computadora escribiendo ideas para libros. Oraba sobre mapas pidiéndole a Dios que me enviara a algún lugar increíble para servirlo. E incluso había llegado a pensar que no era totalmente carnal o egocéntrico, porque estudiaba la Escritura para tratar de entender cómo había crecido la iglesia en la época del Nuevo Testamento.

Cierto día, en mi tiempo de estudio personal, estaba leyendo el libro de Santiago. De pronto, Santiago 3:13-16 parecía saltar de la página como si nunca lo hubiera leído antes en mi vida:

¿Quién es sabio y entendido entre vosotros? Muestre por la buena conducta sus obras en sabia mansedumbre. Pero si tenéis celos amargos y contención en vuestro corazón, no os jactéis, ni mintáis contra la verdad; porque esta sabiduría no es la que desciende de lo alto, sino terrenal, animal, diabólica. Porque donde hay celos y contención, allí hay perturbación y toda obra perversa. (Santiago 3:13-16)

¡Sí que sentí al Espíritu Santo tirando de mi corazón! Estas palabras parecían estar grabadas en la página de mi Biblia, y estaban al rojo vivo, marcando mi corazón a medida que las leía una y otra vez: "celos amargos", "terrenal, animal, diabólica", "celos y contención", "perturbación y toda obra perversa".

El Espíritu estaba trabajando; sabía que tenía que seguir estudiando, pero quería cambiar de pasaje desesperadamente. Pensé en leer un salmo para consolarme. Pueden imaginar mi sorpresa cuando leí esto en Salmos 37:3-4:

Confía en Jehová, y haz el bien; y habitarás en la tierra, y te apacentarás de la verdad. Deléitate asimismo en Jehová, y él te concederá las peticiones de tu corazón. (Salmos 37:3-4)

Me di cuenta de que todos estos años de estar esperando el día en que pudiera ser un gran pastor, nunca había hecho lo que esos versículos decían. Estaba buscando en todos lados excepto en Dios. Nunca había considerado a la iglesia en la que estaba sirviendo un lugar en el cual quisiera permanecer mucho tiempo.

Y yo ciertamente no disfrutaba mucho atender el rebaño que Él me había dado. No me malentiendan, son personas increíbles. Lo que pasa es que nunca pude realmente dejar de ver más allá para amarlos realmente.

Pero el segundo versículo del pasaje realmente me tocó al conectarlo con lo que acababa de leer en Santiago 3. Ciertamente mi ambición egoísta poco espiritual no era un deseo que Dios quisiera en mi corazón.

Bueno, mi historia tiene un final bastante feliz. He estado esforzándome duro por confiar en Dios y deleitarme en Él, en lugar de en mis metas egoístas. Ya guardé los mapas y acepté que dondequiera que me encuentre sirviéndolo en este momento es donde Él quiere que esté; por lo menos, por ahora. He estado tratando de ver a la gente de mi iglesia a través de los ojos de Dios y tengo que decir que los estoy disfrutando a ellos y al ministerio mucho más de lo que hubiera imaginado.

Irónicamente, otro pasaje de Santiago resume bastante bien lo que he estado tratando de hacer.

> Someteos, pues, a Dios; resistid al diablo, y huirá de vosotros. Acercaos a Dios, y él se acercará a vosotros. Pecadores, limpiad las manos; y vosotros los de doble ánimo, purificad vuestros corazones. Afligíos, y lamentad, y llorad. Vuestra risa se convierta en lloro, y vuestro gozo en tristeza. Humillaos delante del Señor, y él os exaltará. (Santiago 4:7-10)

Estoy haciéndolo en serio, eh, don Santiago. Pero de manera extraña, al susurrarle que sí a Dios, estoy más contento que nunca. Quizá los juegos hayan terminado, pero la verdadera diversión apenas está comenzando. Y quizá por primera vez en mi ministerio, estoy de pie. Algunas veces permanezco así durante todo el día hasta bien avanzada la tarde; ¡y disfruto cada minuto de ello!

CAPÍTULO 17

Hambre de
abrazar a Dios

Hace algunos años, Dios me tomó de alguna manera
y puso en mí el deseo de realmente conocerlo mejor.
Esto suena gracioso viniendo de un pastor,
pero quiero tener una relación auténtica con Él.
Quiero el propósito y la plenitud que provienen
de una relación profunda con Cristo.

—JAMIE, 48 AÑOS, COLORADO

Vivimos en una época en la que mucha gente, incluso los que se llaman cristianos comprometidos, sufren de una enfermedad interna del alma. El productor John Benson describe esta afección como "un ego misterioso e insatisfecho; un ser tibio y descontento en la médula de la experiencia humana".[1]

Como pastores, es fácil frustrarnos por este vago vacío en el espíritu. Llenar este vacío interno requiere más de lo que podemos pensar con nuestros sesos o sentir con nuestros sentidos. Requiere de un abrazo intencional de Dios.

Volverse a Dios es el primer paso hacia la fe, el potencial y la creatividad en el ministerio. Encontrar plenitud comienza con abrazar a Dios, por medio de llevar tu vacío interno insatisfecho a los recursos abundantes de Dios para una vida y un ministerio satisfactorios en constante crecimiento. Esto te puede llevar a una profundidad mucho mayor de lo que has imaginado. Además de que responde la oración de Pablo por nosotros "alumbrando los ojos de vuestro entendimiento, para que sepáis cuál es la esperanza a que él os ha llamado, y cuáles las riquezas de la gloria de su herencia en los santos" (Efesios 1:18).

A medida que abres cada parte de tu vida a Dios, vas descubriendo un centro unificador de tus pensamientos, valores y responsabilidades. Abrazarlo puede fortalecerte y darte un sentido de bienestar general sin importar lo difícil que tu vida o tu ministerio puedan parecer.

Redescubre el poder y renueva la pasión

Abrazar a Dios significa procurar y disfrutar la intimidad con Él. Significa viajar en la peregrinación humana más alta que te puedas imaginar; un estilo de vida saturado de Cristo. Mucho más que una teoría vacía, abrazar a Dios produce que veas y experimentes la vida de manera distinta. Significa permitirle a Dios que te moldee de nuevo en la persona que Él quiere que seas.

Considera la manera en que abrazar a Dios puede fortalecer tu alma.

Te convertirás en un agente espiritual de cambio

¿Qué sucedería si te enamoraras alocada y apasionadamente de Cristo? ¿Cuál sería el resultado de abrir tu vida con todo tu amor y toda tu disposición en obediencia completa a Él? ¿Qué pasaría si le preguntaras al Señor de la vida qué cambios necesitas hacer en ti mismo y en tu iglesia? Estar genuinamente enamorado del Señor viviente es querer agradarlo. Si estás dispuesto a hacer eso, Él te va a usar para ganar tu mundo para Él y para renovar tu iglesia.

Enfocarás cada aspecto de tu vida en Cristo

Cuando abrazas completamente a Dios y continuamente buscas ser más como Cristo, en lugar de experimentar una fe desenfocada, rebajada y desequilibrada, tu vida y tu ministerio van a ser fortalecidos y llenos de poder. Cuando lo abraces con todo tu corazón, Él entrará a los lugares oscuros y secretos de tu vida y te ayudará a darte cuenta de que tienes casi todo lo que necesitas, excepto intimidad con Él.

Abrazar a Dios también te va a dar la capacidad de verlo actuar en cada circunstancia de la vida y del ministerio por muy extraña, maravillosa, asombrosa, extraordinaria o común que sea. Esto significa que incluso cuando no entiendas totalmente lo que Dios está haciendo en ti, aceptas que el nunca desperdicia una relación o situación para desarrollar tu vida interna.

Desarrollarás una dependencia sana de la Escritura

Tú aceptas la Palabra de Dios como tu punto de referencia para vivir. A medida que estudias con fidelidad la Escritura, Dios la hará parte de tu vocabulario interno y de tus procesos de pensamiento. Vas a encontrarte pensando los pensamientos de Dios y viviéndolos en los detalles de tu ministerio. De maneras sorprendentes, la verdad bíblica te vendrá a la mente en el momento menos esperado cuando más la necesitas. Abrazar por completo a Dios significa buscar la ayuda de Dios en su Palabra cada día, con el beneficio de que su fortaleza también se acumula a lo largo de tu vida. Un pasaje que aprendiste de niño viene a tu memoria como el coro dulce de una antigua canción de amor; porque eso es exactamente lo que es.

Te sentirás "en casa" con Dios

Toda la gente necesita un sentido de sus raíces con el propósito de saber adónde pertenecen. Como todos lo que pasamos por la experiencia humana, tienes una imperiosa necesidad de saber dónde comenzaste y adónde vas. En cierta manera satisfactoria y misteriosa, abrazar a Dios te brinda un lugar de origen, un peregrinaje y un destino. Pero también te provee un sentimiento de "estar en casa" a lo largo del viaje. Y aunque puedes reconocer con alegría que un día estarás en casa con Dios, también puedes tener la certeza de que ya estás en casa en este momento; con la cercanía constante de Jesús, una conexión con el pueblo de Dios y un sentir de que estás acercándote hacia el examen final y la recepción que le sigue.

Aprenderás a reírte de los obstáculos

¿Qué obstáculos puedes mencionar que siempre han evitado que te conviertas por completo en quien Cristo quiere que seas? Pueden abarcar haber recibido una mala educación de parte de tus padres, un hermano que te maltrataba, pobreza, crecer en un barrio indeseable, un bajo coeficiente intelectual o alguna desventaja social que piensas que nunca cambiará.

No obstante, cuando te acercas a Dios, Él te puede mostrar que tu mayor obstáculo es algo que no sueles admitir pero que es justo lo que Él quiere que cambies. Esto puede incluir temor, egoísmo, soberbia, autocompasión, culpa vaga, exageraciones y doble ánimo.

Las siguientes ideas son maneras en que Dios puede proveer soluciones para esos obstáculos.

- *Resiste las excusas.* Reconoce y aprópiate de los obstáculos cuando Dios te los señale.
- *Pídele a Dios que te fortalezca, y haz lo que Él te pida.* El proceso de enderezar las cosas te da condición para no volver hacer lo malo de nuevo.
- *Nunca rindas el terreno espiritual que hayas ganado.* No hay necesidad de conducir tres kilómetros con un neumático desinflado cuando lo puedes reparar en el instante.
- *Toma acciones positivas.* Felicita sinceramente a alguien a quien envidies. Corrige las exageraciones y las inexactitudes de inmediato. Confiesa y discúlpate por los pecados del alma.
- *No permitas que los obstáculos te controlen.* Reconoce los obstáculos en tu vida, habla de ellos, exponlos y rehúsate a rendirte a ellos. Entre más te rehúses a rendirte a ellos menos poder tendrán sobre ti.

- *Reemplaza un pensamiento negativo con uno positivo.* Reemplazar un pensamiento negativo con uno positivo suena demasiado simple, pero a menudo funciona. Pon el objetivo de tus pensamientos y acciones en la dirección en la que te quieres mover.

- *Ofrécele tus obstáculos a Dios para limpieza y sanidad.* Das un paso gigante en tu progreso espiritual cuando estás dispuesto a reconocer que no quieres colgarte de actitudes, emociones y temores que dañan tu intimidad con Dios. Renuncia a disfrutar la arrogancia, el egocentrismo y la envidia para que puedas convertirte en la persona que Dios tiene en mente que seas.

Experimentarás una energía renovada en el ministerio

Es fácil que el ministerio se vuelva predecible, guiado por las obligaciones e incluso apático. Dios se merece algo más, como creatividad, imaginación y eficacia. Como respuesta a tu intimidad con Dios, comprométete a hacer algo importante para Él. El verdadero servicio es un regalo para Dios; un regalo que no necesita, pero que te deleitas en darle.

Abrazar a Dios abrirá tus ojos y tus emociones a nuevas aventuras y oportunidades de servirlo. Hacerlo producirá un ministerio más efectivo e incrementará tu satisfacción al servir. Este tipo de servicio es una oportunidad para colaborar con Dios en cambiar su mundo.

El tiempo de Dios es ahora

Abre tu corazón. Lee y digiere la Escritura. Incluye a Cristo en los detalles de tu vida. Examina todo lo que hagas a la luz de lo que sabes que Él quiere que hagas. Entrégale todas tus excusas al Señor y canta con toda obediencia y a todo volumen: "Señor Jesús, anhelo ser perfectamente íntegro; quiero que vivas por siempre en mi alma".[2]

¡Que tu viaje con Dios sea glorioso! A medida que lo abraces y Él te abrace a ti, recuerda que no existe instante sin si cercanía, ni ninguna crisis sin su gracia. Mientras que tu peregrinar será único, lo importante es que viajes con tu Salvador, Sustentador y Amigo.

A fin de conocerle, y el poder de su resurrección,
y la participación de sus padecimientos,
llegando a ser semejante a él en su muerte,
si en alguna manera llegase a la resurrección
de entre los muertos.

— FILIPENSES 3:10-11

CAPÍTULO 18

Pon a Cristo
en el centro

*Últimamente cuando oro, leo la Escritura y escucho
con atención veo realmente la dirección y la intervención
de Dios en los detalles del ministerio. Me topé con este versículo
en Isaías que describe exactamente como me siento:
"Entonces tus oídos oirán a tus espaldas palabra que diga:
Este es el camino, andad por él; y no echéis a la mano derecha,
ni tampoco torzáis a la mano izquierda" (Isaías 30:21).*

—DARYL, 29 AÑOS, ALASKA

Tu hambre por Dios comienza a ser satisfecha a medida que descubres el centro unificador de tus pensamientos, sentimientos y valores. Descubrir el centro no proviene del misticismo de la Nueva Era. Más bien, encontrar el centro es sencillo; significa abrazar a Cristo y llevarlo a los detalles de tu vida.

Organiza todo lo que hagas
alrededor de Cristo

Como tu centro, Cristo completa todo lo que te falta. Satisface tu hambre de significado. Centrarte en Jesús te brinda un orden interno y genera una energía espiritual que suple la vitalidad de todas las dimensiones de tu vida y ministerio. Considera las siguientes maneras en las que centrarte en Cristo hará que tu fe sea funcional en lugar de teórica, presente en lugar de antigua, y práctica en lugar de etérea.

Centrarse en Cristo estabiliza la vida

A medida que permitas que Cristo entre en los rincones de tu vida, una perspectiva holística comenzará a darle forma a tus pensamientos, a monitorear tus conversaciones, a cuestionar tus actitudes y a evaluar tus logros. Como el sistema operativo de una computadora, una vida centrada en Cristo entresaca las diferencias entre lo periférico y lo esencial. El beneficio más obvio es la intimidad con Cristo; relación en la cual Él guía, motiva y suple los recursos de los detalles de tu vida y de tu ministerio. Aunque todavía atravieses por periodos en los que la bruma invada tu vida, Cristo estabiliza tu mundo interno para que puedas tolerar con mayor facilidad las grandes olas y los vientos amenazantes.

Centrarse en Cristo quita el enfoque de uno mismo

Llevar a cabo un cambio intencional de enfocarse en Cristo en lugar de en uno mismo comienza cuando le prestas atención cuidadosa a los asuntos internos del carácter, los motivos y las intenciones; y le das menos atención a las buenas apariencias, a la imagen y a dar una buena impresión. Centrarte en Él hace de Jesús el punto focal de tus pensamientos, de tus palabras y de tus acciones en tu vida y en tu ministerio. Centrarte en Cristo reacomoda tu vida a su alrededor. Tu estrés disminuye porque "todas las cosas en él subsisten" (Colosenses 1:17). Esencialmente, esta parte intencional de centrarte en Él requiere que rindas sin reservas el interés controlador de todas las cosas acerca de ti mismo a Cristo. Con Cristo a cargo, y sin una señal de resistencia de tu parte, Él moldea cada dimensión de la vida. Esto te ahorra mucha agonía y alienta compromisos auténticos con lo que realmente importa.

Centrarse en Cristo sana la confusión interna

Sin importar su tamaño, los compromisos antagónicos pueden generar una tormenta en tu alma. El desorden resultante echa a perder la calidad de tu vida. No obstante, cuando le permites a Jesús que coordine todas las facetas de quién eres y en lo que anhelas convertirte, puedes experimentar una vida y un ministerio de un poder, paz y confianza sorprendentes. Estos resultados son abundantemente posibles con Cristo como el centro de tu vida.

Una vez que experimentes una vida centrada en Cristo, no tendrá ningún sentido volver a tu antigua manera fragmentada de vivir. Un simple encuentro con Cristo lo coloca en tu corazón para siempre. Entonces el Padre siempre está contigo, llamándote a casa a dondequiera que vayas, en lo que hagas y en lo que te conviertas.

Esta cercanía con Dios te moldeará, incluso cuando las frustraciones de la vida te estresen. Puedes orar con Felipe: "Señor, muéstranos el Padre, *y nos basta*" (Juan 14:8, énfasis añadido). Y Él *es* suficiente. Una serenidad plena florece en el mundo interno de todo aquel que vive en contacto íntimo con Jesucristo.

Ayudas para centrarte en Cristo

Tenemos que reconocer que poner a Cristo en el mero centro de tu vida no es tan fácil como suena. Pero tampoco es tan difícil como algunas personas tratan de hacerlo. El primero obstáculo hacia una vida centrada en Cristo es renunciar a tu soberanía personal. Pero hay tantos beneficios por venir cuando estás dispuesto a hacerlo. Como has leído, centrarte en Cristo te promete nuevos estilos de vida y de servicio radicales. Aquí hay varias maneras para hacer de Cristo el centro de tu vida y de tu ministerio.

Piensa en cosas pequeñas e insignificantes

Lo grande no siempre es mejor. Lo más fuerte no siempre es verdad. Busca lo bueno en los días ordinarios, incluso cuando parezcan monótonos o rutinarios. Busca ser liberado de tu adicción a lo espectacular. Aquilata lo ordinario. Elías aprendió que a veces Dios habla en un silbo apacible (ver 1 Reyes 19:11-12). La espiritualidad no necesita ser sensacional para ser sobrenatural.

Haz una declaración de fe con tu manera de vivir

Tu modo de vida anuncia lo que crees. Tus decisiones le dan credibilidad a tus valores o los devalúan. Lo que crees afecta tu ministerio, tu adoración y lo que haces; y la manera en que sirves, adoras y vives publica tus valores al mundo. Intenta pensar en la vida verdaderamente centrada en Cristo como un encabezado no verbal que les señala a Dios a los demás. Pídele a Dios que te ayude a que esta declaración sea verdadera en ti: Mi vida es más atractiva para los demás cuando soy lo suficientemente fuerte en lo espiritual para tratar con las tensiones y dificultades que inevitablemente vendrán.

Practica la presencia

Reconocer la constante presencia de Dios y su compañerismo puede inmunizarte en contra de muchas preocupaciones seculares. Solo saber que Dios está allí te sintoniza con Él. Comienza a practicar su presencia a través de pedir la aprobación de Dios en las cartas y en los mensajes de correo electrónico que escribes, las llamadas que haces, las conversaciones que tienes, los libros que lees y los programas de televisión que ves. Las posibilidades son infinitas.

Conténtate con lo que tienes

Casi todos invierten demasiada energía en preocuparse por el dinero, la seguridad y la posesión de cosas. Nadie está completamente libre del estrés por el dinero: no tienes suficiente, quieres más o trabajas demasiado duro para conservar lo que tienes. Dios promete que Él cuida incluso de las criaturas más pequeñas, por lo que puedes rendirle a Él tus preocupaciones de seguridad. No permitas que la codicia infiltre sus mentiras seductoras en tu vida o en tu ministerio. Confía en Dios, Él es fiel, generoso y liberal.

Resiste las distracciones

Con el fin de escuchar a Dios con mayor efectividad, debes de cultivar la capacidad de escucharlo de forma intencional. Una vida verdaderamente centrada en Cristo requiere crear periodos de silencio con el fin de escucharlo con precisión. Una forma de silenciar las distracciones es pensar fijamente en un nombre o atributo de Jesús. Intenta con "Salvador", "Señor", "Emmanuel", o "Redentor". Los atributos útiles incluyen amor, misericordia, paz y esperanza. Otra técnica para centrarte en Jesús incluye meditar en el significado de palabras bíblicas como "fe", "paciencia", "mansedumbre", "rectitud" y "santificación". Si experimentas distracciones, dite: *Pensaré en eso más tarde, en este momento voy a centrarme en Cristo.* Y vuelve a pensar en el nombre, en el atributo o en la promesa bíblica que estabas usando para ayudarte a centrarte en Él.

Revive la vida de Jesús en tu mundo

Revivir la vida de Jesús en tu mundo incluye tratar de ver el mundo a través de sus ojos y reaccionar como Él lo haría. ¿Qué haría Jesús en tu hogar o en tu oficina? ¿Qué piensa de tus amistades? ¿Qué diría acerca de una situación difícil en tu ministerio? Puedes mejorar grandemente tus esfuerzos por revivir a Cristo por medio de seguir la guía de Pablo en Filipenses 4:8-9:

> Por lo demás, hermanos, todo lo que es verdadero, todo lo honesto, todo lo justo, todo lo puro, todo lo amable, todo lo que es de buen nombre; si hay virtud alguna, si algo digno de

alabanza, en esto pensad. Lo que aprendisteis y recibisteis y oísteis y visteis en mí, esto haced; y el Dios de paz estará con vosotros.

Comparte tus sueños y tus descubrimientos espirituales

Finalmente, tu travesía de fe se fortalecerá cuando compartas tus esperanzas y tus sueños con un amigo confiable y maduro en el aspecto espiritual. Y nada es más poderoso que darle a otra persona la oportunidad de participar en tu búsqueda por ser más semejante a Cristo. El resultado es que la llama interna será avivada en dos personas de mentalidad semejante que entonces puedan sostenerse y cuidarse entre sí a través de los momentos difíciles.

Pero cuando se manifestó la bondad de Dios nuestro Salvador,
y su amor para con los hombres, nos salvó, no por obras
de justicia que nosotros hubiéramos hecho, sino por su
misericordia, por el lavamiento de la regeneración
y por la renovación en el Espíritu Santo, el cual derramó
en nosotros abundantemente por Jesucristo nuestro Salvador,
para que justificados por su gracia, viniésemos a ser
herederos conforme a la esperanza de la vida eterna.

—TITO 3:4-7

CAPÍTULO 19

Abrazar a Dios enriquece tu ministerio

Este domingo, prediqué sobre Lucas 24, acerca de los dos discípulos tristes que iban por el camino de Emaús. ¡Dos personas pasaron al frente y recibieron al Salvador resucitado en su corazón! En muchas maneras, yo necesitaba este mensaje tanto como mi congregación; siempre me sorprende como Dios nos fortalece en nuestros momentos de desaliento y quebrantamiento.

—CHRIS, 55 AÑOS, WASHINGTON

Cuando abrazas a Dios y buscas a Cristo como el centro de tu vida y de tu ministerio, experimentas miles de beneficios. La lista la encabeza saber sin lugar a dudas que Dios está contigo y que Él es tuyo. Dondequiera que los recursos espirituales y la vida ordinaria se intersecan, Dios está allí, enriqueciendo tu servicio a Cristo.

La intimidad con Dios significa experimentar la cercanía de Dios en tal manera que es vívida, real y alentadora. Es como si realmente tocara tu mano y te dijera palabras audibles. Es una conciencia de que a pesar de tus defectos, Dios está presente para fortalecerte y hacer que seas eficaz, Esta intimidad con Dios es tanto para ti como para la gente a la que sirves. Te brinda un gozo increíble, fuerza extraordinaria y un poder asombroso de resistencia en el ministerio.

Un ministerio de servicio enriquecido

Considera algunas formas en que abrazar a Dios de esta manera íntima enriquece tu servicio por Él.

Dios está presente en expresiones activas de amor

La intimidad con Dios significa saber que tienes un Ayudador que viene a tu lado en cualquier expresión de amor activo que das en el nombre de Jesús: una palabra comprensiva, un acto amoroso, una oración de confianza, una nota sensible o un toque redentor. Significa percibir dramáticamente la presencia de Dios en esos momentos especiales de corazón a corazón cuando experimentas a Dios con otra persona y ambos saben que de pronto ya son tres y que el tercero es el Hijo de Dios.

Dios brinda una conexión sobrenatural

Abrazar a Dios íntimamente significa tener una conexión tan fuerte con Él que puedes duplicar el carácter de Jesús en tu servicio a Él.

Su confiabilidad, su madurez y su fe se muestran en ti y en tu ministerio. Esta cercanía santa libera expresiones extraordinarias de compasión, incrementa tu sabiduría espiritual, llena de poder tu forma de ser y llena de energía divina tus acciones. Esta conexión significa que puedes llevar a Dios a tus circunstancias llenas de caos y dolorosa enajenación. O mejor que eso, significa que Él puede llevarte a esas situaciones. De cualquier manera, es una consciencia plena de que Jesús está contigo en el ministerio y que lo sabes. Y aquellos a los que sirves también los saben. Y en los encuentros entre ambos, los que guían y los que siguen se sorprenden y están agradecidos de que esta relación entre ambos es más que una amistad o un mero lazo profesional.

Cuando abrazas a Dios a este nivel íntimo, te vuelves tan abierto al Altísimo que Él se muestra a través de tus débiles esfuerzos humanos. Esta intimidad te ayuda a continuar la obra del Reino que Jesús comenzó durante su ministerio terrenal, porque Él prometió: "De cierto, de cierto os digo: El que en mí cree, las obras que yo hago, él las hará también; y aun mayores hará, porque yo voy al Padre" (Juan 14:12). La intimidad con Dios es una consciencia que te da la seguridad de que como un embajador auténtico de Cristo, nunca vas a tratar de llevar a cabo ninguna faceta del ministerio por tu propia cuenta.

Dios te llena de poder tanto para lo ordinario como para lo extraordinario

Admitámoslo; brindar cariño y compasión algunas veces te puede llevar a lo más bajo de la vida humana, donde lo que veas o lo que sientas puede ser impactante, desordenado salvaje e incluso miserable. Tu trabajo y tu llamado te ponen en lugares donde ves a la gente en sus mejores y en sus peores momentos. Algunas veces te sientes inútil e impotente. Y eso es precisamente lo que eres cuando tratas de ministrar sin Dios.

Pero *con* Él, tu ministerio se convierte en un trabajo sorprendentemente emocionante. Estás al tanto de las implicaciones eternas de lo que estás haciendo. Aunque una situación no parezca ser distinta cuando Dios está contigo, tú eres diferente cuando Él está cerca, y eso provoca que todo lo demás brille con propósito. Tú puedes tener al Cristo viviente y su poder en tu ministerio. Jesús prometió: "Si tuviereis fe, y no dudareis [...] si a este monte dijereis: Quítate y échate en el mar, será hecho. Y todo lo que pidiereis en oración, creyendo, lo recibiréis" (Mateo 21:21-22).

Un mundo saturado de Dios

Cada faceta de tu ministerio estará saturada de Dios. ¡Qué compañerismo tan lleno de aventuras sucede cuando lo abrazas íntimamente! El resultado es que incluso cuando tratas de servir en tus propias fuerzas y con tus propias habilidades, Dios te sorprende gloriosamente en lugares inesperados, en momentos milagrosos y de maneras extraordinarias.

Se convierte en tu Compañero y en tu no tan secreta Fuente para las tareas del Reino. Te recuerda lo que ya sabes: que ninguna expresión de servicio será mayor que su fuente.

En cierto punto, todo pastor deber de decidir quién o qué será su fuente. ¿Tu fuente será tu título, tu jerarquía, tu preparación académica, tu familia, tu reputación, tu experiencia, tu iglesia o

Cristo mismo? Tienes que decidir si vas a ser un ministro de Cristo o un ministro de la Iglesia. Cualquiera puede ser un ministro de la Iglesia sin Cristo, pero nadie puede ser un ministro genuino de Cristo sin producir un impacto genuino en la Iglesia.

Un ministerio cuya fuente de poder sea Cristo ejercerá una atracción increíble en aquellos a los que sirva, incluso cuando no lo comprendan completamente. Aun así van a responder. Cuando llevas a Cristo a los detalles del ministerio, te conviertes en un magneto energizado por Cristo de la gente necesitada. Y vas a encontrar que tu trabajo y tu ministerio son más satisfactorios y productivos.

Tu llamado te permite el privilegio de involucrarte en los problemas de la gente sin invitación y acompañado del poder de Dios. Así que, ¿para qué ir solo? Cuando compartes el dolor de otro en el nombre de Jesús, no puedes racionalizar el dolor o negar el problema que lo produjo. Pero puedes llevar de una manera redentora a Dios contigo en medio de la angustia. Como representante de Cristo, tú puedes simplemente alentar a la gente con este mensaje: En cada aspecto de la vida, Dios está allí para ayudarte. Alza los ojos y anímate.

¿Quién es sabio y entendido entre vosotros?
Muestre por la buena conducta sus obras
en sabia mansedumbre.
—SANTIAGO 3:13

CAPÍTULO 20

Abrazar a Dios hace que tu servicio sea efectivo

Cuando un miembro de nuestra iglesia me confesó recientemente de un pecado que podía destruir su vida y el futuro de su familia, me quedé sin respuesta. Sin embargo, de algún lugar de mi interior, salieron por mis labios las palabras precisas que se necesitaban para la situación. A pesar de que me consideraba totalmente incapaz para trabajar con esa crisis, Dios proveyó la respuesta precisa que necesitaba dar.

—JESS, 40, VIRGINIA

Poner a Cristo en el centro de tu vida y de tu ministerio no solo te enriquece, sino que te hace más efectivo. Piensa en cómo Dios actúa a través de ti en tu servicio cristiano. Quizá hagas algunas visitas en el hospital sin nada más de lo que parecen ser algunas palabras amigables; sin medicina, sin bisturí, sin químicos milagrosos y sin un diploma médico, pero antes de irte, suceden encuentros entre Dios y los pacientes que acabas de visitar que son únicos, especiales y eternos.

Algo semejante ocurre cuando ministras por medio de conversaciones en un malecón, por teléfono, en la mesa de un restaurante, en una nota escrita a mano o por correo electrónico. Puede suavizar corazones encallecidos. O puede convertirse en una brisa suave de primavera.

Nosotros los pastores a veces somos de lento aprendizaje con respecto a comprender lo limitado que es nuestro servicio cuando lo hacemos en la sola fuerza y astucia humanas. Pero cuando una crisis nos lleva a reconocer nuestras limitaciones, podemos darle la bienvenida a la disposición, a la fuerza y al poder de Dios.

Lleva a Dios contigo

La presencia de Dios es un factor único que llevas contigo a aquellos a los que sirves. Considera los siguientes principios para llevar está dinámica sobrenatural al ministerio pastoral y a la consejería.

Nunca temas la presencia de Dios

Quizá haya momentos en que quieras evitar la cercanía con Jesús a causa de lo que Él te exige que hagas. Algunas veces es más fácil interesarse en las causas y en los síntomas de los problemas que en las curas o en el dominio que Jesús ofrece. Algunas veces Dios quiere decir que "sí" cuando tú prefieres decir que "no". Algunas veces cuando corres a orar Dios te recuerda: "Tiene días que me has estado evitando". La cercanía de Dios te alienta y te juzga.

Este aspecto examinador de Dios suena un poco atemorizante, pero piensa en los beneficios. Significa que tus esfuerzos ministeriales están continuamente bajo su cuidado. Significa que nunca estás solo, que nunca estás fuera de la vista o del oído de Dios. El Señor nutre tu alma, respalda tu ministerio y te calma con su presencia. Él quiere que te deleites en el hecho de que siempre está cerca. Él desea tu permiso incondicional de manifestarse en los detalles de tu vida y de tu ministerio. Como escribió el salmista: "Pues aún no está la palabra en mi lengua, y he aquí, oh Jehová, tú la sabes toda. Detrás y delante me rodeaste, y sobre mí pusiste tu mano. Tal conocimiento es demasiado maravilloso para mí; alto es, no lo puedo comprender" (Salmos 139:4-6).

Dale la bienvenida a Dios a tu ministerio

En el ministerio, Dios te llena de poder para resucitar y reenergizar el alma de las personas. Parte de tu papel es presentar a Cristo como una Persona actual y reconocida en lugar de como un héroe muerto o como el antiguo fundador del cristianismo. Así le das a las nociones teóricas del ministerio una cara y un corazón: la cara y el corazón de Jesús.

Tú representas el poder real de Dios; un poder al que la gente recurre en momentos de imperiosa necesidad. Tú le presentas a Cristo a los individuos y a una sociedad en desesperada necesidad de Dios. Esto significa que tú debes de estar tan saturado de un estilo de vida centrado en Cristo en lo más íntimo que la gente pueda ver a Jesús en ti. Necesitas abandonar tu pedestal profesional y mezclarte con las personas necesitadas de tu iglesia y de tu comunidad; vivir el carácter de Cristo con ellos en su dolor y en sus problemas, así como en sus victorias también.

La gente busca a Dios cuando sus hijos mueren, cuando los diagnósticos médicos son desfavorables, cuando pierden su empleo y cuando lo inexplicable hace que la vida se vuelva desesperada. En momentos de dificultad como estos, la gente necesita saber que el Señor viviente se identifica por completo con ellos; Él se sentó donde ellos están sentados, sintió lo que están sintiendo y sufrió lo que están sufriendo. Por eso es que debes de desarrollar una relación íntima con Dios; algunas veces tú eres el único representante de Dios al que la gente que está sufriendo puede realmente ver.

Afina tu consciencia de la presencia de Dios

Aunque Cristo está en todos lados, la mayoría de nosotros necesitamos afinar nuestra consciencia de su cercanía. Para incrementar tu consciencia de la presencia de Dios se requiere que le des la bienvenida activamente en cada fase de tu vida, en especial cuando estas tratando de ayudar a otros en su nombre y en los momentos en los que lo representas. Las exigencias del ministerio, de la consejería y de la amistad crean en ti una necesidad mayor de la presencia de Dios.

Representar al Padre en esos escenarios es un privilegio. Él ha prometido ayudarte cuando escuches con atención lo que Él quiere que digas y hagas. Él escucha tu corazón, y tú puedes escuchar el suyo cuando lo has abrazado. Él te responde cuando oras con el salmista:

Mira, respóndeme, oh Jehová Dios mío; alumbra mis ojos,
para que no duerma de muerte; para que no diga mi
enemigo: Lo vencí. Mis enemigos se alegrarían, si yo
resbalara. Mas yo en tu misericordia he confiado; mi corazón
se alegrará en tu salvación. Cantaré a Jehová, porque me ha
hecho bien. (Salmos 13:3-6)

Cultiva tu relación con Dios para revitalizar tu ministerio

Es fácil que la vida y el ministerio se desequilibren. Algunos días
parece como si cientos de voces (incluyendo la tuya) estuvieran
llamando tu atención y solicitando tu ayuda.

No obstante, tu relación íntima con Cristo te mantendrá a ti y a
tu iglesia en el camino correcto. Debes de recordarte continuamente
que tus armas son esencialmente espirituales y sobrenaturales. El
apóstol Pablo lo explica de la siguiente manera:

El cual nos consuela en todas nuestras tribulaciones, para
que podamos también nosotros consolar a los que están en
cualquier tribulación, por medio de la consolación con que
nosotros somos consolados por Dios. Porque de la manera
que abundan en nosotros las aflicciones de Cristo, así
abunda también por el mismo Cristo nuestra consolación.
(2 Corintios 1:4-5)

Solo por medio de abrazar a Dios podemos ver más allá de los
problemas y aprovechar las posibilidades de una vida semejante a la
de Cristo.

Permítele a Dios que te ayude a vencer tu renuencia

Algunas veces, solo quieres darte un descanso y poner todo en espera. Por supuesto, Dios te brinda momentos para recargar tus baterías espirituales. Pero también te invita a avanzar a pesar de lo complicado que se vuelva tu mundo o aunque temas fallar en el momento en que se requiere tu ayuda. El problema con la renuencia es que termina por apagar por completo el ministerio. Escuchamos de cierto líder cristiano que dijo: "No quiero cometer un error, por lo que soy exageradamente cauto". Cuando la renuencia continúe durante meses o años, necesitas considerar los resultados potencialmente dañinos que produce. Si no haces nada, no logras nada, y eso socava todos los "hubieras".

Llevar a Dios contigo al ministerio; o más apropiadamente: permitirle dirigirte en el ministerio, te ayuda a saber hacia dónde ir, qué decir y cómo decirlo. Renuncia a tu renuencia por cambiar tu mundo, y sigue adelante a producir un cambio para Cristo. La siguiente es una lista de revisión para ver si estás en acción:

- Predica lo que la Biblia dice en realidad.

- Conviértete en un cristiano radical en los asuntos cívicos.

- Evangeliza a toda clase de personas.

- Lleva a tu iglesia a vivir bajo principios bíblicos.

- Renuncia a tu pasado doloroso.

- Cultiva un amigo del alma o mentor.

- Cuida de tu propia alma.

- Comparte la fe con todos, incluyendo a los profesionistas.

- Dirige en absoluta dependencia de Dios.

Hazte el propósito de buscar a Cristo en las personas a las que sirves

Cada relación te brinda la oportunidad de ver a Dios; a través de reconocer el potencial espiritual de cada ser humano que conozcas. Jesús prometió: "De cierto os digo que en cuanto lo hicisteis a uno de estos mis hermanos más pequeños, a mí lo hicisteis" (Mateo 25:40).

Buscar a Dios en cada persona a la que sirves le quita lo atemorizante al ministerio e incluso lo convierte en una aventura. Inténtalo a partir de mañana. Ve la cara de Cristo en cada persona que conozcas, y considera a cada persona problema un santo potencial. Siente cada dolor. Entonces tus obligaciones se transformarán en deleites de servicio ofrecido en el nombre de Jesús a las personas que Él ama.

Ten la expectativa de que Dios te ayude a convertir lo ordinario en algo valioso

La intimidad con Cristo también puede mantenerte fiel en tareas difíciles en lugares ordinarios. A nivel humano, quizá tengas por lo menos diez buenas razones; quizá cien, por las que deberías de rendirte. ¡Algunos pastores con años de ministerio dicen que tienen muchas buenas razones para renunciar cada domingo! No obstante cada lugar es digno de un líder que sueñe en grande para el Reino en ese lugar en particular.

El testimonio de los gigantes espirituales en cada siglo es que siempre encontraban suficiente luz y suficiente energía para dar el siguiente paso. Reportaban que Dios siempre llega a tiempo, aunque no suele llegar adelantado. De manera unánime declaran que más allá de las coincidencias y que más allá de su razonamiento, encontraron una Guía, un Compañero, una Fuente y un Confidente. Dios hizo posible que ellos lograran grandes proezas para Él. Sus logros estaban basados en su compañerismo con Dios. Sus victorias a menudo venían después de sus derrotas.

Incluso ahora, quizá estés sorprendido por el lugar en que Dios te ha puesto para que lo sirvas. Recuerda, Dios nunca comete errores con respecto a tu persona o tu situación. Una de las sorpresas deleitosamente asombrosas de Dios es transformar todas tus debilidades; sean sociales, familiares o económicas, en algo increíblemente bueno para su Reino. A Dios no lo abruman tus necesidades o tu inexperiencia. Permítele usarte y haz de la rutina algo emocionante justo donde estás hasta que te mueva a otra parte.

La presencia poderosa

¿Qué beneficio puede traerle a tu vida y a tu ministerio abrazar a Dios? Ciertamente no es la inmunidad al dolor, al quebrantamiento o a la oposición. A lo largo de toda la historia humana, el servicio cristiano siempre ha incluido una invitación de Dios a morir por el evangelio. ¡Qué llamado tan único!

La intimidad con Dios es una consciencia activa que funciona en compañerismo con el Cristo vivo. Es la sensación de estar tomando el lugar de Cristo llamando a las personas a una reconciliación milagrosa con Dios, consigo mismos y con los demás.

En la presencia del Rey tu trabajo es mejor, cada sistema de tu cuerpo y de tu cerebro están al máximo de su atención y anhelas agradarlo. Entonces, tus esfuerzos tienen una motivación más intensa por servirle con excelencia.

El Espíritu mismo da testimonio a nuestro espíritu,
de que somos hijos de Dios. Y si hijos, también herederos;
herederos de Dios y coherederos con Cristo,
si es que padecemos juntamente con él,
para que juntamente con él seamos glorificados.
— ROMANOS 8:16-17

El siguiente
paso

El ministerio en la actualidad es más difícil de lo que jamás ha sido. Cada día parece que escuchamos acerca de otro colega que ha caído en inmoralidad o de otro que ha caído exhausto o de otro que de alguna manera ha debilitado la credibilidad de los que han sido llamados al ministerio de Dios.

¿Qué está sucediendo? Quizá las exigencias frenéticas que encontramos en el ministerio nos llevan a perder de vista los compromisos que hicimos cuando aceptamos por primera vez a Cristo como nuestro Señor y Salvador. Quizá los estándares bajo los cuales prometimos vivir cuando aceptamos su invitación a ser sus ministros han sido opacados por el agotamiento o el descuido. Sin importar la causa, los hombres y las mujeres en el ministerio están enfrentando cada vez más una crisis de integridad, rectitud y credibilidad.

¿Qué se necesitaría para que cada uno de nosotros nos comprometiéramos a un estilo de vida que fuera más agradable al Señor, a nuestras congregaciones, a nuestra familia y a nosotros mismos? ¿Qué pasaría si los pastores actuales se levantaran para realmente dirigir a la Iglesia, para servir como ejemplos auténticos delante de su congregación y representar con fidelidad a Cristo delante del mundo? ¿Qué se necesita para detener la caída de los pastores en las tentaciones de la inmoralidad que destruye nuestra credibilidad e integridad por medio de una conducta desbocada y nada recomendable? ¿Qué sucedería si calculáramos el costo de nuestras acciones y respondiéramos a las señales de Dios para evitar las trampas y las piedras de tropiezo que el enemigo coloca a nuestro paso?

Quizá lo que se necesita sea un sencillo pero sincero compromiso; un llamado a las armas. Comenzamos este libro con las palabras del Pacto Pastoral. Cerrar el libro con las mismas palabras parece ser apropiado; ¡un llamado a las armas para cada uno de nosotros!

Nos une un llamado común de parte de Dios a alimentar a sus ovejas, pero también nos une un compromiso común a la pureza, la santidad, la rectitud y la fidelidad. Nuestra voluntad de someternos a *El pacto pastoral* va más allá de las diferencias teológicas, de nuestras circunstancias denominacionales y de las restricciones de la congregación local. Estamos unidos por nuestro llamado, por la mutua obligación de rendir cuentas y por el conocimiento de que un día el Gran Pastor será nuestro último Juez.

Además, creemos que cuando los ministros se enfoquen más en su misión que en su profesión, veremos un renovado interés en las iglesias a las que servimos y una aceptación genuina en aquellos a quienes buscamos influenciar. Es por medio de la gracia de Dios que es posible mantenerse fiel a este pacto.

Tanto este llamado al compromiso como las palabras de este libro provienen de nuestro corazón, y de nuestros años de experiencia e interacción con miles de pastores. Con el tiempo hemos ido cambiando junto contigo, pero no ha cambiado nuestra determinación por servirte. Creemos que eres un líder en el mayor movimiento nunca antes conocido: la Iglesia de Jesucristo. Te saludamos por tu valentía, nos preocupamos por tus horarios y oramos sinceramente por tu familia.

Hay momentos en los que pensamos: *¿No sería divertido darle marcha atrás al reloj y nuevamente asumir el papel de pastor?* Bueno, esos días quizá ya se fueron para siempre, peor los recuerdos permanecen, y la emoción del llamado nunca nos dejará. Ahora la Iglesia está en tus manos; para que la nutras, la protejas y la guíes. La eternidad registrará el fruto de tu labor.

Como pastor apacentará su rebaño;
en su brazo llevará los corderos, y en su seno los llevará;
pastoreará suavemente a las recién paridas.

—ISAÍAS 40:11

Sigue adelante colega, sigue adelante.

H. B. y Neil

Notas

Prefacio

1. Julia H. Johnston; "Grace Greater than Our Sin" (Gracia mayor que nuestro pecado) citado en *The Celebration Hymnal* (Himnario de celebración); n.p. Word Music and Integrity Music; 1997; canción número 344.

Introducción

1. William Barclay; *The Mind of St. Paul* (La mente de San Pablo); Nueva York; Harper; 1958; pág. 169.

2. Forrest Church, ed.; *Restoring Faith* (Restaurando la fe); Nueva York; Walker and Company; 2001; pág.133.

3. Whitney J. Dough, ed.; *Sayings of E. Stanley Jones* (Dichos de E. Stanley Jones); Franklin, TN.; Providence House Publishers; 1994; pág.71.

4. Isaac Watts; "When I Survey the Wondrous Cross" (Cuando escudriño la maravillosa cruz) citado en *The Celebration Hymnal* (Hinario de celebración); n.p. Word Music and Integrity Music; 1997; canción número 324.

Capítulo dos

1. The Barna Group, "Americans Are Most likely to Base Truth on Feelings" (Los estadounidenses son más tendientes a basar la verdad en sus sentimientos); *The Barna Update* (El reporte Barna); 12 de febrero

de 2002; http://www.barna.org/FlexPage.aspx?Page=BarnaUpdate& BarnaUpdateID=106 (revisado el 24 de marzo de 2005).

Capítulo cuatro

1. Charles Swindoll, citado en Chuck Colson; *The Body: Being Light in Darkness* (El cuerpo: Ser luz en las tinieblas); Dallas, TX.; Word; 1992; pág. 131.

2. Rick Warren, citado en C. Peter Wagner; *Escudo de oración*; Grupo Nelson; 1995.

Capítulo nueve

1. James Bright, citado en Edward S. Mann; *Linked to a Cause* (Ligado a una causa); Kansas City, MO.; Pedestal Press; 1986; n.p.

2. *Merriam-Webster's Collegiate Dictionary;* 11° edición; s.v. "pastor".

3. John W. Frye; *Jesus the Pastor* (Jesús el pastor), Grand Rapids, MI. Zondervan Publishing House; 2000; pág. 48.

Capítulo catorce

1. Archibald D. Hart; "Being Moral Isn't Always Enough" (Ser moral no siempre es suficiente); *Leadership* (Liderazgo); Vol. 9; núm. 2; Primavera de 1988; pág. 29.

Capítulo quince

1.Ted Engstrom; *The Makings of a Christian Leader* (La formación de un líder cristiano); Grand rapids, MI.; Fleming H. Revell; 1986; pág. 117.

Capítulo diecisiete

1. John Benson, citado en el artículo "Herald of Holiness" (Heraldo de santidad) en la revista publicada por el General Board of The Church of The Nazarene (Comité General de la Iglesia Nazarena); Kansas City, MO.

2. James L. Nicholson; "Whiter than Snow" (Más blanco que la nieve), citado en *The Celebration Hymnal* (Himnario de celebración); n.p. Word Music and Integrity Music; 1997; canción número 653.

El Pacto Pastoral representa un movimiento creciente que llama a los pastores a comprometerse a un nuevo nivel de obligación al rendir cuentas y de consagración al llamado de Dios para su vida. Para más información acerca de hacer este compromiso con Dios, con tu familia, con tu congregación y con tus colegas pastores, escribe a esta dirección:

Pastoral Ministries
c/o Focus on the Family
P.O. Box 35500
Colorado Springs, CO 80935

O visítanos en línea en: www.parsonage.org y pulsa el vínculo de *El pacto pastoral.*

Para pastores
e iglesias

Servicios pastorales y material disponible por parte
del departamento de ministerios pastorales de
Enfoque a la Familia

El material mencionado en esta sección está disponible a través de
llamar al 1-800-A-FAMILY o visitando www.parsonage.org.

Página Web

The Parsonage (www.parsonage.org) —un portal para ministros y sus
familias.

Línea sin costo (llamando desde E.U.)

The Clergy Care Line (1-877-233-4455) —un oído que escucha o un
consejo de nuestro equipo de pastores para los ministros, los capellanes y sus
familias.

Casetes y Discos Compactos

Pastor to Pastor (De pastor a pastor) — una serie de casetes o discos
compactos disponibles por suscripción bimestral o en paquetes individuales.

H. B. London entrevista a cristianos expertos acerca de la vida personal de los pastores y la de su familia; con temas como: pastores en crisis, manteniendo vivo el romance, venciendo el agotamiento, manteniendo tu identidad como esposa de un pastor, los peligros de la Internet, y los pastores como padres.

Boletín

The Pastor's Weekly Briefing (El reporte semanal del pastor) — una mirada rápida a los sucesos actuales de interés para los pastores, sus familias y sus congregaciones. Disponible por correo electrónico o en el sitio de la red.

Folletos congregacionales

The Pastor's Advocate Series (Serie: El abogado del pastor) — un juego de folletos diseñados para ayudar a la congregación a comprender mejor a los pastores y a sus familias, a cuidar mejor de ellos y a unírseles mejor en el ministerio.

Directorio de material

The Pastoral Care Directory (El directorio de cuidado pastoral) — una lista invaluable de ministerios especializados en cuidar de las familias pastorales, además de lo mejor en libros, casetes, videos, publicaciones y otros materiales (disponibles tanto impresos como en línea).

Otros libros de los autores

London, H. B. Jr.; *Refresh, Renew, Revive: How to encourage Your Spirit, Strengthen Your Family, and energize your Ministry* (Refréscate, renuévate, revive: Cómo alentar tu espíritu, fortalecer a tu familia y llenar tu ministerio de energía)*;* Colorado Springs, CO.; Enfoque a la familia; 1996.

London, H. B. Jr., y Neil B. Wiseman; *Becoming Your Favorite Church* (Cómo convertir tu congregación en tu iglesia favorita); Ventura, CA.; Regal Books; 2002.

— *For Kids' Sake* (Por causa de los niños);Ventura, CA.; Regal Books; 2004.

— *The Heart of a great Pastor: How to Grow Strong and Thrive Wherever God Has Planted You* (El corazón de un gran pastor: Cómo fortalecerse y florecer dondequiera que Dios te haya plantado); Ventura, CA.; Regal Books; 1994.

— *Married to a Pastor: How to Stay Happily Married in the Ministry* (Casada con un pastor: Cómo permanecer felizmente casada en el ministerio);Ventura, CA.; Regal Books; 1999.

— *Pastors at Greater Risk* (Los pastores corren un riesgo mayor);Ventura, CA.; Regal Books; 2003.

— *They Call Me Pastor: How to Love the Others You Lead* (Me llaman pastor: Cómo amar a los otros que diriges); Ventura, CA.; Regal Books; 2000.

Wiseman, Neil B. *Come to the Water Brook* (Ven al arroyo); Kansas City, MO.; Beacon Hill Press; 1997.

— *Conditioning Your Soul* (Poniendo tu alma en forma);Kansas City, MO.; Beacon Hill Press; 1999.

— *Hunger for the Holy -71 Ways to get Closer to God* (Hambre por lo santo: 71 maneras de acercarte más a Dios); Grand Rapids, MI.; Baker Books; 1996.

— *Maximizing Your Church's Spiritual Potential* (Maximiza el potencial espiritual de tu congregación); Kansas City, MO.; Beacon Hill Press; 1999.

— *The Untamed God –Unleashing the Supernatural in the Body of Christ* (El Dios indómito: Libera lo sobrenatural en el Cuerpo de Cristo); Kansas City, MO.; Beacon Hill Press; 1996.

Seminarios y conferencias pastorales

H. B. London y Neil B. Wiseman están disponibles para participar en congresos, convenciones y organizaciones que se relacionen con las ideas descritas en este libro: renovación pastoral, la vida interna del cristiano y la renovación de lo sobrenatural en el Cuerpo de Cristo. Wiseman, quien ha dirigido el instituto Small Church Institute dedicado a las congregaciones pequeñas desde 1991, también da asesoría a los líderes denominacionales con respecto a los problemas que enfrentan las congregaciones pequeñas.

Contacto e información vía Internet

H. B. London: www.pasrsonage.org
Neil B. Wiseman: nbwiseman@aol.com